健美操运动训练及创编教学探索

王旭瑞 著

西北工業大學出版社
西 安

【内容简介】 本书包括健美操运动及健美操教学研究、健美操运动训练基础理论研究、健美操动作创编教学与解析、健美操服装的搭配与音乐的选取、健美操运动训练与教学指导、竞技健美操训练方法与教学指导和时尚流行健美操训练方法与教学指导共七章内容。

本书可作为高等院校艺术类专业和其他相关专业人员的参考书。

图书在版编目（CIP）数据

健美操运动训练及创编教学探索 / 王旭瑞著. — 西安：西北工业大学出版社, 2020.5

ISBN 978-7-5612-6905-3

I. ①健… II. ①王… III. ①健美操—运动训练—教学研究 IV. ①G831.32

中国版本图书馆 CIP 数据核字(2020)第 075076 号

JIANMEICAO YUNDONG XUNLIAN JI CHUANGBIAN JIAOXUE TANSUO

健 美 操 运 动 训 练 及 创 编 教 学 探 索

责任编辑： 雷　鹏　李　萌　　**策划编辑：** 雷　鹏
责任校对： 张　潼　　**装帧设计：** 吴志宇
出版发行： 西北工业大学出版社
通信地址： 西安市友谊西路 127 号　　**邮编：** 710072
电　　话：（029）88493844　88491757
网　　址： www.nwpup.com
印 刷 者： 北京市兴怀印刷厂
开　　本： 710 mm×1 000 mm　1/16
印　　张： 13
字　　数： 218 千字
版　　次： 2021 年 1 月第 1 版　2023 年 4 月第 2 次印刷
定　　价： 68.00 元

如有印装问题请与出版社联系调换

前　言

20 世纪初，中国体育逐步从学习、借鉴西方体育的模式中走出来，进入一个繁荣发展的时代，并逐步形成了一个世界公认的具有中国特色的体育发展模式。在这样一个时代，我们在世界体育领域拥有了强大的话语权，群众体育也得到了如火如荼的发展，体育文化成为社会生活的重要精神载体，人们对体育的关注度逐步上升。我国目前处于体育发展的最佳时期。体育的生活化、大众化、产业化等使体育的价值逐步凸显，并展现出体育的独特魅力。

体育教育作为学校教育的重要组成部分，在素质教育中发挥着至关重要的作用。健美操是学校体育教育的重要内容，在增强学生身体素质、提高学生身体健康水平，调节学生心理状态、提高学生心理素质、塑造健康人格，培养学生的审美能力、创新能力以及学生终身体育意识和能力等方面发挥着促进作用。因此，普及健美操运动，使其成为体育教学的主要内容将有利于素质教育目标的实现。需要注意的是，健美操的这些作用与价值的实现都是以学生科学参与健美操教学活动，并在教学中掌握健美操运动技能为前提的。因此，为了科学指导健美操教学的实施，促进学生对健美操运动技能的掌握，特撰写了本书，为健美操运动技能教学与运动训练工作的开展提供理论与实践的双重指导。

本书共分为七章。第一章从总体上阐述了健美操运动的内涵、术语及健美操运动教学的目标、原则、组织与实施等问题；第二章针对健美操运动训练的基础理论问题进行了探讨，包括健美操运动训练的基本原则、训练方法、训练计划的制订以及训练过程中需要注意的营养与卫生问题；第三章阐述了健美操动作创编教学与解析，指出了健美操创编的要素、依据、原则以及方法；第四章论述了健美操服装的搭配与音乐的选取，阐述了健美操运动对服装的要求、音乐与健美操间的相互关系以及健美操动作与音乐选配的优化等；第五章针对健美操运动训练与教学进行了论述，阐述了健美操基本动作训练、组合动作训练等；第六章针对竞技健美操的基本动作训练以及难度动作训练进行了阐述；第七章针对不同种类的时尚流行健美操的训练方法与教学指导进行了研究，包括有氧拉丁操、有氧搏击操、爵士健身舞、健身街舞以及健身瑜伽等。

由于水平的限制，本书难免有疏漏之处，恳请广大读者给予指正，以便使本书不断完善。

著 者

目　录

第一章　健美操运动及健美操教学研究

随着现代健美操运动的发展，这项热情洋溢、活力四射的运动逐渐进入大众的生活，特别是最近几年随着人们健康意识的增强，富有魅力的健美操运动在我国蓬勃开展起来，很多人都选择参与健美操运动来增进健康。同其他体育运动项目教学一样，健美操教学同样也需要一定的科学理论作为支撑，并得到相应的科学指导。本章就现代健美操的科学理论进行研究，内容包括健美操的教学的目标、任务与内容，健美操教学的原则与方法，以及新时期健美操教学改革的策略。

第一节　健美操运动的内涵及发展

一、我国健美操运动的起源与发展

（一）我国健美操运动的起源

在我国，形象地反映体操或健美操的最早的历史资料，是1979年在湖南长沙马王堆墓出土的西汉时期的帛卷，上面的人物采用站立、坐、蹲等基本姿势做着屈伸、扭转、弓步、跳跃等动作。这是公元前679年的一种名为“消肿舞”的特殊舞蹈，它与现代的健美操运动动作非常相似。

东汉时期的名医华佗曾模仿虎的勇猛扑击、鹿的伸展奔腾、熊的沉稳进退、猿的机敏纵跳、鸟的展翅飞翔，并把各个导引动作改编为虎、鹿、熊、猿、鸟五组动作，称为“五禽戏”。有人称“五禽戏”是我国早期具有民族特色的人体健美操的形式。

健美操运动在我国近代发展的历史可追溯到20世纪30年代。那时我国就已经出现了追求人体健与美运动的健美操雏形。其代表性的著作有1937年我国康健书局出版并发行的马济翰先生写的《女子健美体操集》，该书共五章，即“貌美与健美”“妇女健康的运动”“中年妇女的美容操”“增进肌体美的五分钟美容操”“女子健康柔软操”，主要阐述了人体美的价值、练习方法和要求，介绍了采用站立、坐卧等各种健美操，并附有30多幅图片，其动作与现代女子健美操有许多相似之处；随后又出版了《男子健美体操集》，增加了哑铃等轻器械的练习内容，许多动作与现代健美操十分相近。这两本书说明我国当时就已介绍和开展了欧美各国的健美操。

（二）我国健美操运动的发展

1949年新中国成立，政府非常重视大众健身问题。1951年，由中央广播事业局和全国体育总会筹备委员会共同决定在中央人民广播电台和各地人民广播电台举办广播体操节目，并在同年11月24日公布了第一套成人广播体操，就是把肢体活动与音乐节奏融为一体的健身体操。

1981年1月4日，《中国青年报》发表了陆保钟、牛乾元的特约稿《人体美的追求》。1982年2月1日中国青年出版社出版的《美，怎样才算美》一书，刊登了陈德星编制的《女青年健美操》和牛乾元编制的《男青年哑铃健美操》。在各种新闻媒体的大力宣传下，世界性的健美操运动在我国拉开了序幕。1982年年底上海电视台录制了娄琢玉的形体健美操、持环健美操等专题节目。1983年人民体育出版社出版了体育报增刊《健与美》。1984 年中央电视台相继播放了孙玉昆创编的“女子健美操”、马华创编的“健美5分钟”“国际健身术”“动感组合”及“青春时光”等，为健美操在我国的普及与发展起到了宣传与引导的作用。

1984年北京体育学院成立了健美操教研室，随后上海体育学院也成立了健美操教研室，率先开设了选修和专修课。随着健美操的深入开展，健美操从社会进入了学校，并根据国家教委对体育教学的要求被列入各级学校体育大纲之中，目前健美操已成为我国各级、各类学校体育课或课外活动中一项深受师生欢迎的教学内容和锻炼项目。

1986年，北京体育学院编写的我国第一部《健美操试用教材》出版，并正式在北京体育大学本科学生中开设健美操选修课，从此，健美操成为一项重要的体育教学内容在全国高等院校中开展。1986 年 4 月 6 日在广州举办了首届“全国女子健美操邀请赛”，共有 8 省市 9 支代表队参加集体 6 人和个人两项比赛，这次邀请赛开创了我国竞技健美操的新路，探索了我国竞技健美操的比赛方法，展示了我国健美操的发展成果。

1987 年我国第一家健美操健身中心——利生健康城成立，把健美操运动向广大人民群众推广。其新颖的锻炼方式、良好的健身效果很快被人们接受，吸引了大批的健身爱好者。同年，代表我国健美操发展水平的北京体育大学健美操队访问了日本，这是我国健美操运动首次走出国门；同年 5 月，由康华健美康复研究所、原北京体育学院、中央电视台等五家单位联合举办了我国首届正式的竞技健美操比赛——长城杯健美操邀请赛。为了把我国健美操推向世界，1988 年 6 月由康华健美康复研究所和中央电视台联合举办了长城杯国际健美操邀请赛，有中国、美国、日本、中国香港、巴西、伊拉克 6 个国家和地区的 30 多名运动员参赛，同时在北京成立了国际健美操协会筹委会，以促进国际健美操运动的发展。1989 年 1 月在贵州举行了第三届长城杯健美操邀请赛，正式使用了国家体委审定的具有中国特色的健美操竞赛规则，使我国竞技健美操的发展朝着国际方向又向前迈进了一步。

1995 年，我国首次派代表队参加了由国际体操联合会(FIG)在法国举行的第一届世界健美操锦标赛；1997 年，我国又分别组织代表队参加了在日本举行的世界杯赛、在意大利举行的第二届世界锦标赛和在美国举行的国际健美操冠军联合会(ANAC)世界锦标赛。1997 年和 1998 年，中国健美操协会先后派出 8 人参加国际体操联合会(FIG)组织的健美操国际裁判员培训班和国际健美操教练员培训班。这些国际大赛的参加和培训班的学习是我国竞技健美操运动走向世界的一个良好开端。

1992 年，我国相继成立了中国健美操协会、中国大学生体协健美操和艺术体操协会。中国健美操协会是中国奥委会承认的全国性运动协会，协会的成立使我国健美操运动进入到一个有组织、有计划发展的新时期。

1995—2001 年，中国健美操协会相继推出了《健美操指导员专业技术等级制度(试行)》《全国健美操大众锻炼标准(试行)办法》《中国健美操协会会员管理办法》，国家体育总局颁布了《健美操活动管理办法》，并制定了《全国健美操指导员专业技术等级实施办法(试行)》和《全国健美操大众锻炼标准实施办法》，同时推出了《健美操等级运动员规定动作》。这些举措对我国健美操运动的普及与提高具有重大的意义，推动了我国健美操运动的快速发展。

2003 年 8 月 12 日，“国色天香”杯全国健美操锦标赛暨第八届世界健美操锦标赛选拔赛在我国举行，这是我国健美操组织赛事以来，人数最多、规模最大的一次，作为第八届世界健美操锦标赛的选拔赛也是参赛水平最高的一次竞技健美操比赛。

时至今日，我国每年都会举行很多健美操比赛，如全国健美操锦标赛、全国大学生健美操锦标赛、全国健美操联赛和全国健美操冠军赛等。

各种健美操管理组织的建立、竞赛规则的统一、各种制度的完善，标志着我国竞技健美操运动步入正规化的管理和发展阶段。

二、健美操运动的概念

健美操运动作为一项新兴的体育运动项目，人们对它的认识理解各不相同，关于健美操的概念也说法不一。

我国一些健美操专家近些年来对健美操的定义也提出了各自的看法，如有些人认为健美操主要是舞蹈和体操相结合，与流行的节奏音乐相适配，达到有氧训练目的的体操；有些人认为健美操是以人体自身为对象，以健美为目标，以身体练习为内容，以艺术创造为手段，融体操、舞蹈、音乐于一体的一项新兴体育运动项目。

健美操是有氧运动的一种，在国外被称为“有氧体操”。它是在氧气供应充足的情况下，以有氧系统提供能量的一种运动形式，其运动特点是持续一定时间的、中低强度的有氧运动。健美操主要发展身体的协调性和柔韧性，锻炼练习者的心肺功能，是进行有氧耐力训练的一种有效方式，并且它还是以健身美体为主要特点的运动项目，其内容丰富，简单易学，变化繁多，不受年龄、性别、场地、器械的限制，可使全身各类关节都得到充分的活动，各部位的肌肉得到均衡的发展，塑造出良好的体态。

通过以上健美操的特点，并结合专家的观点，可以把健美操定义为：融体操、音乐、舞蹈、美于一体，通过徒手、手持轻器械和用专门器械的操化练习达到健身、健美和健心的一种新兴娱乐、观赏型体育运动项目。健美操具有竞技性、健身性、娱乐性和观赏性的价值，是人们现代文明生活的重要组成部分。

三、健美操运动的分类

目前健美操运动的种类繁多，根据其目的和任务可以分成三类：健身健美操、竞技健美操和表演性健美操。健身健美操的宗旨是“健康第一”；竞技健美操的目的是获得佳绩、夺得冠军；表演性健美操的目的是娱乐、观赏，追求形体美和愉悦性。

（一）健身健美操

健身健美操也称为大众健美操，它有音乐节奏鲜明、旋律轻松愉快、音乐速度较慢、动作简单、运动强度较低、动作形式多、以对称的方式出现、重复次数多、场地要求少、随意性大等特点，主要以健身、健美、健心为目的，集健身、娱乐、防病于一体的群众性、普及型健身运动。健美操的练习形式分为热身、有氧练习、形体练习和放松等部分，成套动作一般是从头颈、四肢、全身、跳跃、放松等顺序来练习。活动的顺序是从身体的远端开始，逐渐过渡到躯干部位。健身健美操适合人群广泛，是一项很好的体育休闲、娱乐健身运动。根据不同的分类标准将健身健美操分为以下几种。

1. 按年龄划分

根据人在不同年龄阶段的不同生理、心理、体态、体能等特征和锻炼需要，将健身健美操分为老年健美操、中年健美操、青年健美操、少儿健美操和幼儿健美操等。

2．按性别划分

按照性别分为男子健美操和女子健美操。男子健美操的动作设计突出“阳刚”，动作幅度大而有力；女子健美操的动作设计突出“阴柔”，强调的是艺术性和柔美性。

3．按人数划分

按照人数主要划分为单人、双人、三人、六人和集体健美操。集体健美操在练习时，除了包括平时锻炼的动作外，往往增加一些动作组合和队列、队形的变化，以反映练习者平时锻炼的情景。

4．按练习形式划分

按照练习形式可以划分为徒手健美操、持轻器械健美操、专门器械健美操等。其中徒手健美操最为常见。持轻器械健美操中常用的器械有哑铃、球、橡皮带、彩带、棍等。专门器械健美操中常用的器械有踏板、健身球、圆盘、体操垫和健身器等。

5．按动作风格划分

按照动作风格划分为拳击健美操、搏击健美操、拉丁健美操、迪斯科健美操、武术健美操、舞蹈健美操和仿生健美操等。不同动作风格的健美操就是在传统健美操的基础上结合了其他不同运动项目的元素而成的。例如，拉丁健美操就结合了恰恰、斗牛、伦巴、桑巴等各种拉丁舞的元素，再结合现代健美操的基本步伐而形成的，使健美操动作丰富、时尚。

6．按人体解剖部位划分

按照人体解剖部位划分为颈部健美操、肩部健美操、手臂健美操、胸部健美操、腰腹部健美操、髋部健美操、腿部健美操等。这主要是针对人体某个部位进行针对性的健身锻炼。例如，腿部健美操主要锻炼腿部肌肉功能以及关节的灵活性。

7．按目的和任务划分

按照目的和任务划分为形体健美操、康复健美操、热身健美操、韵律健美操、姿态健美操、保健健美操和减肥健美操、产后健美操等。

8．按人名划分

按照人名所划分的主要是简·方达健美操，80 年代初，美国健身、影视明星简·方达根据自己的健身经验和体会，1981 年编写出版了《简·方达健美术》引起了世界的轰动，这对健美操运动在全世界的发展起到了积极的作用。健美操运动于 80 年代初传入我国。

（二）竞技健美操

竞技健美操是根据竞赛规则与技术规程的要求，创编出的具有较高艺术性、展示运动员高水平专项技术能力的成套动作，以比赛取得优异成绩为主要目的的竞技运动。竞技健美操只进行自编动作比赛，自编动作必须符合要求。每套动作都有一定的时间限制，成套的动作要根据其基本步伐、特色、难度、完成情况、时间、体型等各种因素来评分。

目前，国际体操联合会举办的健美操世界锦标赛所设的正式比赛的项目有女单、男单、混双、集体三人和集体六人等 5 个项目。为了保证比赛的规范性和公正性，对各项参赛人数、比赛场地、参赛服装和成套动作的时间等都做了严格的规定。

国际上较大规模的竞技性比赛有国际体操联合会组织的健美操世界锦标赛；国际健美操冠军联合会组织的世界健美操冠军赛；国际健美操联合会(IAF)组织的健美操世界杯赛等。

我国正式的大型竞技健美操比赛有全国健美操锦标赛、全国健美操冠军赛和全国青少年健美操锦标赛等。

（三）表演性健美操

表演性健美操是指根据不同目的、场合、要求、表演者等情况进行编排，在各种节日庆典和宣传活动中表演的健美操。表演性健美操的主要目的就是“表演”。在表演性健美操中竞赛规则、比赛人数、形式、规模及动作的设计和选择限制性较小，自由度较大，目的是使比赛更具观赏性。通过表演来展示健美操的魅力、价值和活力，使观众在观赏中陶冶情操、愉悦身心、净化心灵，同时起到宣传和推广健美操的作用。

表演性健美操的比赛时间一般为2～5分钟，内容可以根据需要和表演者的特点选择。为了取得较好的表演效果，一般动作重复较少，音乐速度可快可慢，强调动作的新颖性。表演者可以利用轻器械或一些风格化的舞蹈动作来烘托气氛、感染观众、增加表演效果。表演性健美操常用的形式有有氧拉丁操、有氧搏击操、健身街舞、踏板操等。由于表演性健美操的动作比健身性健美操的动作复杂多变，因此要求表演者要具备较好的协调性，还要有一定的表演意识和集体配合的意识。表演性健美操主要分为以下三种。

1．健身表演类健美操

这类表演性健美操主要有健身健美操、踏板操和搏击操。在这类表演性健美操的创编中，要有意识地强调该类健美操本身特点的动作，尽可能地展示动作本身给身体带来的作用，集中展示其精华部分。

2．艺术表演类健美操

这类表演性健美操突出的是其外在的艺术性，主要用于大型比赛和活动的开幕式或中场休息，以及新产品展示或活动现场；主要是为了吸引观众眼球，丰富群众体育文化生活；从外在展示上来说，突出的是动感美、活力美和韵律美。

3．技巧表演类健美操

展示技巧类健美操强调以高难度动作等技术作为支撑，并融合技巧的成分。动作难度大，是展示技巧类健美操的主要特征。

四、健美操的特点

（一）强烈的节奏感和韵律感

健美操是在节奏鲜明、欢快奔放的乐曲伴奏下进行的身体练习。所以其最主要的特点就是节奏感和韵律感强。几种主要的健美操节奏有音乐节奏(包括音乐节拍等)；运动节奏(包括力度、步幅、步频等)；生理节奏(包括呼吸节奏、心率节奏等)；时空节奏(包括空间节奏、时间节奏等)；色彩节奏(服装、灯光等)。

节奏感来源于音乐，它是健美操运动不可缺少的重要组成部分。健美操的音乐取材主要有迪斯科、爵士、摇滚等现代音乐和一些民族乐曲，它根据音乐的高低、长短、强弱、快慢等节奏性变化，使运动富有一种鲜明的时代气息，同时音乐也有烘托氛围、激发人们情绪的作用。

(二) 广泛的群众性

健美操内容丰富，运动量可以灵活调控，它多以徒手形式进行锻炼，对场地、环境、气候等条件的要求不高，不同年龄段、不同体质、不同阶层和技术水平的人都能根据运动负荷和难度以及爱好选择参加锻炼，各种人群都能找到适合自己的练习方式。例如，对于中老年人来说，一般可选择音乐节奏感弱、强度低的练习，达到锻炼身体、娱乐身心、增进健康的目的；而对于精力旺盛的年轻人来说，可选择节奏感较强、难度较大、运动量较多的竞技健美操作为练习手段，以达到增强体质和提高技术水平的目的。健美操在带给人们热情奔放的情感体验的同时，也满足了现代人追求健美、自娱自乐的需要，因此深受广大群众的喜爱，具有广泛的群众性。

(三) 健身的安全性

健美操在多个方面都充分考虑了由于运动而产生的一系列刺激结果的可行性。它的运动负荷中等、运动强度处于中下水平、练习时间一般为30～60分钟，属于有氧负荷范围内，因此，适合不同体质的人群进行锻炼。同时，人们在平坦的地面上，在节奏欢快的音乐声中进行运动，十分安全，可以达到最佳锻炼效果。

(四) 高度的艺术性

健美操融舞蹈、音乐、体操于一体，追求人体高强度运动能力和动作完美完成，并且是体育与艺术高度结合的运动项目，故表现出高度的艺术性。

健美操是以力量性为主、徒手动作为基础的运动项目，它所表现出来的力是力量、力度、弹力、活力的综合。在追求人体健康与美丽的过程中，它将人体语言艺术和体育美学融为一体，使健美操成为极具观赏性的运动项目。其主要体现在“健、力、美”的项目特征上。“健康、力量、美丽”是人类有史以来追求的身体状况的最高境界。在健美操运动中，不论是竞技健美操，还是健身健美操、表演健美操，无处不体现着“健、力、美”的特征。它所形成的动作力量风格可充分表现出人体健康的风采、美的神韵和力的坚韧。

(五) 不断的创新性

健美操要求成套动作必须展示创造性，即不论是操作化动作、多度连接、队形变换还是动力性配合等哪一个环节，必须有一个是原创的，否则就不能成为优秀的成套动作。所以教练员和运动员必须创造设计出符合运动员自身特点的典型成套动作，否则健美操将会失去生命力。健美操运动的创新性主要表现在完成动作的技术风格和质量、动作的组合形式、成套动作的编排、集体动作的配合、队形的变化、音乐的选配、健美操器械以及教学方法手段等不断推陈出新。健美操运动的不断创新，是健美操长盛不衰的根基。

随着健美操运动的发展和竞技水平的提高，难度高、套路新、节奏鲜明是健美操运动的发展趋势和方向。

五、健美操运动的功能

健美操运动是具有实用锻炼价值的运动项目，对人们身体、心理、社会适应等方面的作用显著，健美操的功能主要有以下几方面。

(一) 强身健体的功能

强身健体功能的核心含义是通过锻炼使身体健康、强壮。世界卫生组织(WHO)早在 1948 年成立之初时的宪章中就明确指出：“健康不仅是没有疾病和不衰弱，而且是使身体、心理、社会功能三方面的完满状态”。1990 年，WHO 对健康的定义是具有健康的躯体和心理、良好的社会适应能力和道德品质。

健美操运动以有氧运动为基础。有氧运动能够很好地提高人体的心肺功能，长期参加健美操锻炼可以使心肌增厚，心脏容量增大，血管弹性增强，从而使心搏有力，心输出量增加，进而提高心脏的功能，提高全身供氧能力；使呼吸肌变得有力，增大了肺部的容积和吸氧量，安静时呼吸加深，次数减少，运动时吸氧量增大，提高了有氧代谢能力，对增长耐力有很大帮助。长期保持健美操运动锻炼可以有效地避免心血管疾病和呼吸系统疾病等。

经常参加健美操运动对人体各关节的灵活性和各器官的功能有很大的帮助。健美操运动可以使关节灵活，肌肉的力量增强、弹性提高，使韧带、肌腱等结缔组织更富有弹性；使关节面骨密质增厚，肌腱和韧带增粗，增强关节的稳固性；提高人的动作记忆能力和再现能力，提高神经系统的灵活性和均衡性；腰腹部和臀部的活动加强了胃肠蠕动，增进了消化能力，有利于营养的吸收和利用。

（二）提高身体素质的功能

身体素质包括力量、速度、耐力、灵敏、柔韧和协调，健美操运动对提高身体素质这几个方面起着积极的作用。

例如，健美操运动前的准备活动，如压腿、热身等，以及运动时各种伸展性动作，都使肌肉处于充分拉伸或收缩的状态，能够提高肌肉、肌腱和韧带的弹性和柔韧性。

健美操运动的一系列动作是上肢、下肢及躯干协调完成的，要求动作优美、舒适，协调一致，因此对提高身体的协调性具有积极的作用。

（三）塑造形体的功能

塑造形体主要包括两方面，即体态和体型。体态主要是指身体各部位所表现出来的外部形态；体型主要是指整个身体的形状，即整个身体从头到脚各部位之间的比例及各肌肉群曲线的大小。

在塑造体态方面，健身性健美操对站立姿态、坐姿、走姿都有着严格的要求。例如，在站立姿态中，要求头正直、两眼平视、下颌微收、两肩下沉、挺胸、收腹、立腰等。通过这样的要求，就能很好地改善人们在日常生活和工作中造成的脊柱弯曲、驼背含胸等不良的形态，从而表现出一种良好的气质与修养，给人以朝气蓬勃、健康向上的感觉。

在塑造体型方面，健身性健美操既可以塑造肌肉的围度，还可以雕琢人体的曲线。健身性健美操通过增粗肌纤维，增大肌肉体积，使肌肉围度发生变化，给人以“力”的美。此外，健美操练习能够消耗体内多余的脂肪，维持人体吸收与消耗的平衡，有益于肌肉、骨骼、关节的匀称、和谐的发展，从而达到改善不良身体形态、形成完美体态的目的。例如，腰腹部健美操、髋部健美操等，减少这些部位堆积的脂肪，使人体变得匀称健美。

（四）调节身心的功能

随着时代的发展和社会的进步，人们在享受科学技术所带来的舒适生活和各种便利的同时，社会竞争所带来的精神压力也随之加强。研究表明，长期的精神压力不仅会引起各种心理疾病，而且还会因为这些精神压力而产生许多躯体疾病，如高血压、心脏病、癌症等。健美操运动以其动作优美协调、全面锻炼身体，同时有节奏强烈的音乐伴奏而著称；可缓解精神压力，预防各种疾病的产生。在轻松优美的健美操锻炼中，排除心理上的紧张与烦恼，尽情享受健美操运动所带来的欢乐，得到内心的安宁，从而缓解精神压力，使人具有更强的活力与最佳的心态。

另外，健美操锻炼是集体运动，经常与其他健美操爱好者共同练习增进了人们的社会交往。目前，无论是国外还是国内，人们参加健美操锻炼的方式就是去健身房，在健美操教练的带领和指导下集体练习。而参与健美操锻炼的人来自社会的各个阶层，因此，这种形式扩大了人们的社会交际面，把人们从工作和家庭的单一环境中解脱出来，可接触和认识到更多的人，开阔眼界，学会与人沟通，从而为生活开辟另一片天地。大家共同锻炼，共同欢乐，互相鼓励，有些人因此成为终生的朋友。因此，健美操锻炼不仅能强身健体，同时还具有娱乐功能，可使人们在锻炼中得到一种精神享受，满足人们的心理需要。

(五) 医疗保健的功能

健美操运动不仅是科学合理的健身形式，还是医疗保健的手段。健美操作为一项有氧运动，其特点是内容丰富、强度低、密度大、运动量因人而异灵活掌握，因此对人的健康具有良好的健身效果，对一些病人和老年人也是一种医疗保健的理想手段。例如，对孕妇可以进行水中有氧操运动练习，也可在床上采用卧姿的形式进行练习；对下肢瘫痪的病人可在地上或椅子上做操进行练习，一方面防治下肢机能进一步衰退。同时，也能使上肢和躯干得到较好的锻炼。只要控制好运动量和运动范围，健美操就能在预防损伤的基础上，达到医疗保健的目的。

第二节　健美操运动的术语及实践应用

一、健美操基本术语的概念

各门学科的专门用语，即术语。健美操术语是描述健美操动作的专门用语，用来表达健美操动作名称以及描述动作、技术过程的专门用语和专有词汇。健美操运动源于国外，所以常见的健美操动作术语有转意词和音译词，根据本国特色，为了符合“准确、简练、易懂”的要求，尽量与国际惯例保持一致。健美操语言主要包括以下几种。

(一) 讲解性语言

讲解性语言明确、扼要、有的放矢。在讲解动作过程中，语言要准确、精练、生动并富有启发性。如“左吸腿跳左转接右腿大踢跳”这一组合动作可提炼为“左吸、转踢”，这样既讲清了动作之间的转换、运动路线及动作方向，使学生在听、看、想、练几方面能有机结合，同时又有助于进一步掌握健美操的术语。

(二) 提示性语言

提示性语言是在练习过程中，为引起练习者注意而采用的提示或口令。语言提示或口令的声音要洪亮，发音要准确，声调要恰当，且要随着音乐和动作的要求起伏和变化，做到轻重有别、快慢有序。如提示动作方向时可叫“向左三四，向右七八”；提示动作速度时可提示“五六加快”；若更换动作时，可叫“五六V字步”；要求停止练习时，可叫“五六七停”等。

（三）评价性语言

无论是表扬语还是批评语、激励语，贵在即时调控，及时遏制不良现象。如在健美操练习过程中，当身体出现扛肩、含胸、塌腰、松腹等毛病时，指导者就要用“立颈、沉肩、挺胸、收腹、紧腰”，再用“跟我来、跳起来、加油”等语言来调节练习者的情绪和注意力，使学生及时了解学习效果，能够轻快自信地坚持练习。

（四）身体语言

身体语言也称“肢体语言”，是指利用姿势、手势、步态、眼神、面部与练习者交流的非语言行为。正确使用非言语交流的方法，能够巧妙地互通感情、和谐教与学的关系，对提高健美操练习效果有着举足轻重的作用。

（五）音乐语言

健美操练习中，音乐作为独立的主体形式而存在。健美操动作具有强烈的节奏性特点，通过音乐才能充分表现出来。音乐在帮助记忆、提示统一方面可以起到领导者的作用。

二、健美操基本术语的作用

不管是在健身俱乐部还是在学校，在健美操运动中均需要大量使用健美操术语。健美操术语的使用可以规范教师的课堂语言，使学生准确理解教练或教师所想表达的意思。正确使用健美操术语描述的动作，可使学生大脑接受的动作信息达到尽可能精确，从而加深对动作的理解。教练或教师使用术语进行教学活动可以大大节省课上的时间，因为健美操课的特点是以练习动作为主，讲解占用的时间越多，练习的时间就会减少。健身俱乐部的有氧健美操课的特点，决定了在整个课的过程中，教练停下来讲解的时间很少，因此，在教授大家练习的同时必须用语言来讲解，所用健美操术语必须简短而准确。除此之外，健美操术语也是在进行动作记录、编写教案、教材及专业书籍时准确的书面用语，因为书面用语的文字要求必须精确和专业。因此，从教学、练习和发展健美操的过程中，都需要用专业术语来表达，健美操术语具有十分重要的作用。

三、健美操基本术语的种类

健美操术语包含基础术语和专门术语两个方面。基础术语用来说明动作的方向、路线、节奏、方法和相互关系，专门术语用来说明动作的性质类别。

(一) 基础术语

1. 场地方位术语

为了表明人的身体在场地上所处的方位，我们一般借鉴舞蹈中基本方位的术语。把开始确定的某一面(主席台、裁判席)定为基本方位的第一点，按顺时针方向，每 45°为一个基本方位，将场地划分为八个基本方位即 1、2、3、4、5、6、7、8 点如图 1-1 所示，其分别代表场上的八个方向见表 1-1。

表 1-1　八个方向

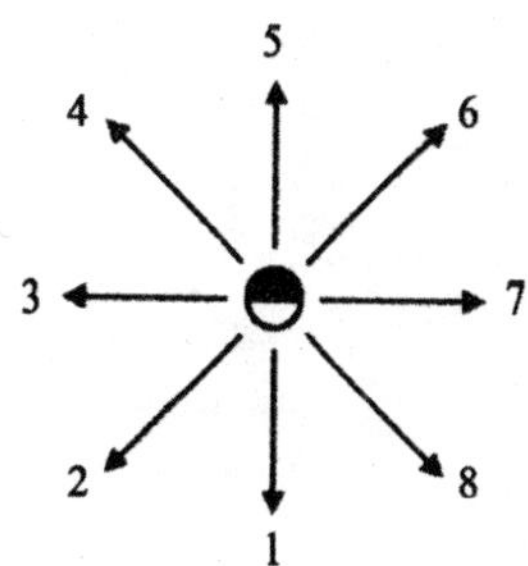

1 点	正前方
2 点	右前方
3 点	正右方
4 点	右后方
5 点	正后方
6 点	左后方
7 点	正左方
8 点	左前方

图 1-1　八个基本方位图

2. 运动方向术语

运动方向指身体各部位运动的方向，是根据人体直立时的基本方位来确定。

向前：向胸部所对的方向做动作。

向后：向背部所对的方向做动作。

向侧：向肩侧所对的方向做动作，必须指明左侧或右侧。

向上：向头顶所对的方向做动作。

向下：向脚底所对的方向做动作。

中间方向和斜方向：指两个基本方向之间 45° 的方向，例如，前上方、前下方、侧下方等。

顺时针：转动过程与时针运动方向相同。

逆时针：转动过程与时针运动方向相反。

向内：指肢体由两侧向身体中线的运动。

向外：指肢体由身体正中线向两侧的运动。

同向：指不同肢体向同一方向运动。

异向：指两个肢体向相反方向运动。

3．动作关系术语

同时：不同部位动作要在同一时间内完成。

依次：肢体不同个体相继做相同性质的动作。

交替：不同肢体或不同动作反复进行。

同侧：同一侧的上肢和下肢动作的配合。

异侧：不同侧的上肢和下肢动作的配合。

对称：左、右肢体做相同的动作，但方向相反。

不对称：左、右肢体做不同方向的动作。

4．运动形式术语

举：指手臂或腿向上抬起，停在一定位置，例如臂上举。

屈：指身体某一部位形成一定角度，例如体前屈。

伸：指身体某一部位形成一定角度后伸直，例如伸臂。

踢：腿由低向高做加速有力的摆动动作，例如侧踢。

撑：指手和身体某部分同时着地的姿势，例如俯卧撑。

卧：身体躺在地上的姿势，例如仰卧。

跪：屈膝并以膝着地的姿势，例如跪立。

坐：以臀部着地的姿势，例如并腿坐。

蹲：两腿屈膝站立的姿势有半蹲和全蹲。

摆：臂或腿在某一平面内由一个部位运动到另一个部位动作，不超过 180°，例如后摆。

绕(绕环)：身体部分转动或摆过 180° 以上(360° 以上称绕环)，例如肩绕环。

提：南下向上做运动，例如提臀。

沉：身体某部分放松下蹲的动作，例如沉肩。

含：指两肩胛骨外开，胸部内收，例如含胸。

挺：一般指胸部或腹部向前展开，例如挺胸。

振：臂或上体做大幅度的加速摆动作，例如振臂。

夹：南两侧向中间收紧，例如夹肘。

收：向身体正中线靠拢或还原到起始位置，例如收腿。

推：以手作用于地面或对抗性用力，例如前推。

蹬：腿部由屈髋到伸直发力的过程，例如蹬地。

倾：指身体与地面形成一定角度，例如前倾。

控：身体或肢体(等)抬在一定的高度上，并保持一定的时间，例如控腿。

交叉：肢体前后或上下交叠成一定角度，例如手臂交叉、交叉步。

转体：绕身体纵轴转体的动作，例如单脚转体，水平转体，向后转体。

水平：身体保持和地面平行的一种静止动作，例如分腿水平。

波浪：指身体某部分邻近的关节按顺序做柔和屈伸的动作，例如手臂波浪、身体波浪。

跳跃：双脚离地，身体腾空并保持一定的姿势，例如团身跳、开合跳。

劈叉：两腿分开成直线着地的姿势，例如横叉、纵叉。

5．动作连接术语

动作连接术语用于描述一个连续动作的过程时，用以表达动作的先后顺序及关系。

由：指动作开始时的方位，例如由左向右。

经：指动作过程中须强调经过某一特定位置时用经，例如两臂经体前交叉。

成：指动作完成的结束姿势，例如左脚侧迈一步成左弓步。

至：指动作必须到达的某一指定位置，例如提膝至水平位置。

接：强调两个单独动作之间连续完成，例如团身跳接屈体分腿跳。

6. 运动轴与面的术语

如图 1-2 所示。

矢状轴：也称前后轴。是前后平伸与水平面的平行，是与额状轴垂直的轴。

额状轴：也称横轴。是左右平伸与水平面平行，与矢状轴垂直。

垂直轴：也称纵轴。是与人体长轴平行，与水平面垂直的轴。

矢状面：沿身体前后所做的与水平面垂直的切面。矢状面将人体分为左右两半。

额状面：沿身体左右径所做的与水平面垂直的切面。额状面将人体分为前后两半。

水平面：横切直立人体与地面平行的切面。水平面将人体分为上下两半。

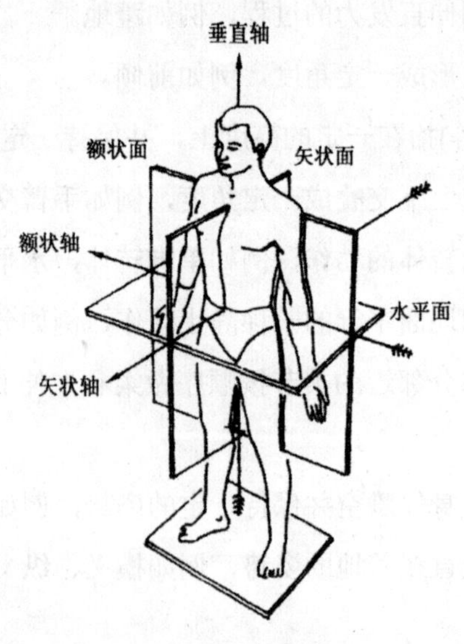

图 1-2　运动轴与面

(二) 专业术语

描述健美操动作或技术性质、类别确切含义的词汇就是健美操的专门术语。

1. 下肢动作术语

踏步：包括原地踏步、踏走步等动作。两腿原地依次抬起，依次落地；手臂前、后自然摆动。

走步：踏步移动身体。

漫步：一脚向前迈出屈膝，重心随之前移。另一脚稍抬起然后原地落下。

跑步：两腿经过腾空，依次落地缓冲，两臂屈肘摆臂，要求小腿向后屈膝折叠。

并步：一脚迈出，另一脚随之并拢屈膝点地，再向反方向迈步。

迈步点地：一脚向侧迈一步，两腿经屈膝移重心，另一腿再向前、侧或后用脚尖点地。

迈步吸腿：一脚迈出一步，另一脚屈膝抬起，然后向反方向迈步。

迈步后屈腿：一脚迈出一步，另一腿后屈，然后向反方向迈步。

一字步：一脚向前一步，另一脚迈步并于前脚，然后再依次还原。

V 字步：一脚向左(右)前迈一步，另一脚随之向右(左)前侧方迈步，呈两脚开立。屈膝，然后再依次退回原位。

弓步：两腿前后分开，两脚平行站立，蹲下，起来。

侧交叉步：一脚向侧迈一步，另一脚在其后交叉，随之再向侧迈一步，另一脚并拢，屈膝点地。

脚尖点地：一腿稍屈膝站立，另一腿伸出，脚尖点地，然后还原到并腿姿势。

脚跟点地：一腿稍屈膝站立，另一腿伸出，脚跟点地，然后还原到并腿姿势，只可做向前和向侧的脚跟点地。

吸腿：一腿屈膝抬起，落下还原。

摆腿：左腿屈膝支撑，右腿向左前方摆动，接着再向右后方摆动。

踢腿：一腿稍屈膝站立，另一腿抬起，然后还原。

弹踢腿(跳)：一腿站立(跳起)，另一腿先后屈，然后向前下方弹踢，还原。

后屈腿(跳)：一腿站立(跳起)，另一腿向后屈膝，然后放下腿还原。

并腿跳：两腿并拢跳起。

分腿跳：分腿站立屈膝半蹲，向上跳起，分腿落地屈膝缓冲。

开合跳：由并腿跳起，分腿落地，然后再由分腿跳起，并腿落地。

半蹲：两腿有控制地屈伸，可分为并腿半蹲和分腿半蹲。

提踵：两脚跟提起，脚跟落下时稍屈膝。

2．手型动作术语

并掌：五指伸直，相互并拢。大拇指微屈，指关节贴于食指旁。

立掌：手掌用力上屈，五指自然弯曲。

分掌：五指用力伸直，充分张开。

花掌：五指用力，小指、无名指、中指自掌指关节处依次屈，拇指稍内扣。

芭蕾舞手型：五指微屈，后三指并拢、稍内收，拇指内扣。

拳：握拳，拇指在外，指关节弯曲，紧贴于食指和中指。

剑指：食指、中指并拢伸直，其余三指相叠。

“V”指：食指、中指伸直分开，其余三指相叠。

响指：无名指与小指屈握，拇指与中指、食指摩擦后击打大鱼际肌处产生响声。

3．动作强度术语

以脚接触地面时身体所承受的冲击力大小划分为以下三类。

无冲击力动作：指两脚始终接触地面，身体重心在两脚之间，没有腾空动作。一般是双脚弹动、半蹲、弓步、提踵等。

低冲击力动作：指有一脚始终接触地面，包括踏步类、点地类、迈步类、单脚抬起类等。

高冲击力动作：指有腾空阶段，对身体有一定的冲击力，包括迈步起跳类、双脚起跳类、单腿起跳类、后踢腿跑类等。

4．动作难度术语

《健美操竞赛规则》把健美操难度动作分为四类：A 动力性动作；B 静力性

动作；C 跳与跃；D 平衡与柔韧。绝大多数都是以常规术语描述竞技健美操的难度动作，大约共有 300 多个。另外，也有一些难度动作是以特有的术语名称来指代，简单归纳如下。

开普：单臂支撑侧水平劈腿。

剪踢：单脚起跳，一腿踢至水平面上，腾空后剪刀式交换大踢。

科萨克跳：双脚同时起跳，双腿膝关节并拢平行于地面，一脚屈膝。

分切：以俯卧撑开始，双手推起后，分腿摆跃，臀部吸起前穿。

直升飞机：分腿坐后倒，两腿依次做绕环后成俯撑。

给纳：站立开始，一腿向前摆动使整个身体腾空并平行于地面，腾空后双脚并拢。

文森：膝关节内侧放于肘关节处的地面支撑动作。

剪式变身跳：单脚起跳，转体 180° 变换腿展示纵劈腿姿态。

依柳辛：南站立开始，一腿后摆在垂直面内绕环，同时身体以支撑腿为支点转体 360° 。

5．动作表现形式术语

弹性：健美操中所指的弹性是指关节自然地屈伸，给人一种轻松、自然的感觉。

力度：指动作的用力程度，通常以肢体的制动技术来体现力度。

节奏：指动作的用力强弱交替出现，并合乎一定的规律。

幅度：指动作展开的大小，一般是动作经过的轨迹越大则幅度越大。

风格：一套动作表现的主要艺术特色和思想特点。

四、健美操术语的运用

(一）运用术语描述健美操的基本动作

动作部位：指头、肩、臂、手、胸、腰、髋、腿、膝、脚等。

动作方向：指运动方向及路线(包括基本方向、中间方向、斜方向及动作所经过的路线等)。

动作形式：指身体动作的类别如摆动、转体、绕环等。

动作结束：指在什么部位或成什么姿势。

其中动作部位、动作方向、动作形式是动作术语的主要成分。

(二) 运用术语描述身体动作的一般规律

表示静止状态：应指明支撑条件和身体姿态。

说明转体动作：应指明支撑部位、转体方向、转体度数和身体姿态。

说明跳跃动作：应指出跳跃类别和空中姿势。

描述移动动作：要指出采用的步伐名称、移动方向、路线和移动距离。

说明躯干弯曲：应指明动作部位、运动方向、经过的路线、运动面和幅度。

(三) 健美操动作的记写方法及要求

(1) 在描述一个完整的动作时，一般由下列几个因素构成：开始(预备)姿势、动作方向、动作形式、动作间的关系、动作连接过程和结束姿势。

(2) 注意应按照动作的节拍顺序记写每个动作的做法。

(3) 注意用词的顺序，一般先下肢，后上肢。

(4) 在记写时要注意指出方向上的变化，动作的重复次数。

(5) 只记写第一个动作的开始姿势，后一个动作的开始姿势可以省略，因为下一个动作的开始姿势就是前一个动作的结束姿势。

(6) 后若干拍与前若干拍动作完全相同，记写时可以省略，但要注明。动作相同但方向相反也要注明。

(四) 健美操成套(组)动作记写形式

1. 文字记写法

通常这种方法用于编写书籍、专业教材等。它是根据以上介绍的对健美操术语记写的要求，详细、准确地写明具体动作和过程。这种方法较为复杂，但具有描述准确性高的特点。尤其作为竞赛、考核、测验等的规定动作，力求统一，不产生误解，在书写时必须完全按照规范术语的要求。

2．缩写法

健美操动作上肢动作的变化比较复杂也比较灵活，重在步法的配合动作，因此通常省略上肢动作不写，而以健美操基本步法名称本身直接记写，只用两三个字表明该动作，如交叉步和 V 字步等。动作之间连接过程用加号“+”表示。该方法简便实用，但无法准确描述具体的动作过程细节，一般较多用于快速记录、编写教案等。以下是一组四个八拍动作记写举例(每一行代表一个八拍)。

1×8：2 交叉步。

1×8：2 一字步。

1×8：4 迈步后屈腿。

1×8：2V 字步。

3．图解法

图解法可分为单线条简图法和双线条影像绘图法。

单线条简图法能比较简单、直观地再现动作及过程，它的特点是运用单线条简图法在健美操的教学、训练中应用非常广泛，是一项必备技术。

双线条影像绘图法能像照片一样清晰地、立体地勾画出动作的外部形态、服饰及头部的具体形态。但这种绘图方法要求绘图者具有一定的美术基础和专业技术基础，因此只在书籍和专业教材中使用。

第三节　健美操运动教学的目标及原则

一、健美操教学的目标

科学的教学目标对健美操教学方向有着非常重要的指导作用。为了使教学方向不出现错误和偏离，首先就应该认真理解和分析健美操教学的目标。下面就对其几个重点目标进行具体分析。

(一) 熟练掌握健美操知识和技能

帮助学生掌握健美操知识、技术与技能是健美操教学的主要目标。随着现代体育教学的发展，这一目标的具体内容包括两方面。一是要求学生对健美操的基本知识、基本技术和基本技能能够熟练掌握；二是要在教学中引入与健美操相关的知识，使学生学会发现、学会创造，并在实践中灵活运用这些知识。

（二）全面发展学生身体素质

学生身体素质是在体育运动中各器官系统表现出的各种机能能力，它主要包括力量、速度、耐力、灵敏、协调和柔韧等方面的素质。身体素质是个体参加体育运动的重要基础，进行健美操运动训练时，身体素质也同样发挥着重要作用，如动作的力度、速度、幅度、高度和协调性等都需要有良好的身体素质作为保障。因此，在健美操教学过程中，全面发展学生身体素质也是一个较为基础的教学目标，应得到教师和学生的共同重视。

（三）改善学生体形和姿态

学生正处在身体发育的重要时期，具有较强的可塑性，加上美育在体育教学中地位的不断提高，学生体形健美、姿态端正也成为体育教学的一个重要目标。完美的身体形态是机体功能完善的重要反映，而姿态的端正(正确的美的站、坐、走姿势)，更是充分展现出了形态美在活动中的状态，这既是人的生命力的完美表现，也是美学价值的充分体现形式，不可忽视。

（四）全面提升学生个人能力

能力是个体素质的重要组成部分，它是一种能够促进个体发展的潜在品质。在现代体育教学中，仅仅靠帮助学生掌握运动基础知识和技能是无法满足教学要求的，重视学生个人能力的培养，将学生运动知识和技能的培养与其个人能力的培养进行有机的结合，才能更好地提高学生对体育运动的兴趣。在健美操运动教学过程中，实现知识、技能和个人能力的有机结合，不仅可以极大地促进学生熟练掌握健美操运动知识和技能，还能提高学生对健美操学习的兴趣，挖掘自身的潜力，培养其创新发展的精神。

在健美操教学中，应该重点从以下几方面来对学生的能力进行重点而又全面的培养。

(1) 提高学生掌握健美操基础知识和技能的能力。

(2) 提高学生健美操的学习和训练能力。

(3) 提高学生健美操的竞赛能力。

(4) 提高学生健美操的创编能力。

(5) 提高学生健美操制订学习与训练计划的能力。

(6) 提高学生的自我与相互评价能力。

(五) 加强审美教育

在健美操教学中，审美教育具有很大的发展空间，它是一个帮助学生形成科学审美观念、培养美感和提高创美能力的教育过程。它是以健美操教学为主要途径和载体，对学生进行科学的审美观念、健康的审美情趣和较强的审美能力的培养。学生在审美教育过程中，不仅可以提高自身的审美修养和身心健康水平，而且还可以对健美操的学习得到审美的情趣和审美观念的积极指导。

二、健美操教学的原则

(一) 教师主导作用与学生自觉性相结合的原则

健美操过程是教师与学生相结合的双边活动，师生双方的自觉性与积极性是决定教学效果的重要因素，缺一不可，其中教师积极的主导作用更为重要。教师不仅要有很强的事业心，精通健美操理论、技术和教学方法，而且要善于启发诱导和调动学生的积极性。

(1) 教师要以自身的敬业精神、认真负责的工作态度、良好的教学效果、丰富的知识、耐心细致的教态和有条理的教学组织去教育和感染学生，赢得学生的尊敬。同时，要将大众健美操的锻炼价值，开展意义向学生进行讲解，并启发学生树立积极的学习态度和学习动机。

(2) 在健美操教学中，教师要处处都以“美”作为准则，以自己的言行、仪表美感染学生，以情绪饱满、谈吐高雅、举止大方、示范动作准确优美、服饰整洁合体，给学生树立一个良好的形象，促使学生学习健美操的兴趣得到提高。通过参与健美操实践，学生能够很好地感受其中的动作美、姿态美、情感美、音乐美，亲身经历这项运动对形体和气质的健美过程，进而产生浓厚而稳定的兴趣，使学生在健美操运动中积极主动地追求美、表现美，使学习健美操变成自觉的行动。

(3) 教师要认真执行教学大纲、进度计划，认真钻研教材、教法，深入了解学生情况，在教学中从实际出发，抓住重点和难点，熟练运用教法，提高教学效果。

(4) 教学中采用互相观摩、互教互学，经常进行必要的检查，对学生的进步给予充分肯定，指出不足之处，使学生对自己的学习和进步充满信心，从而有效提高学习的积极性和进取精神。

(5) 在健美操教学中，如果学生缺乏积极性、自觉学习，那么教师的讲授就很难达到预期效果。教师要具有“学而不厌、诲人不倦”的精神，通过不断学习新知识来充实自己，在教学实践中运用最新的科研成果，以尽可能地做到科学化，体现先进性。在课程上要仔细观察学生，善于发现学生练习中迸发出的艺术火花和独创精神，并给予积极的培育和鼓励，善于从中得到启发，从而不断地改进教学。

(二) 直观与思维相结合的原则

这是根据人们对客观事物和现象的认识规律提出来的教学原则。学生通过看示范、听讲解、做练习感知动作的技术，并通过思维活动对感知到的时间、空间、用力程度、用力节奏进行分析对比，强化正确的感觉意识，使之建立正确的动作概念。在贯彻这一原则时应注意“看、听、练”与“想”相结合。

(1) 百闻不如一见，教师的示范动作是最生动的直观教学。为了使学生建立正确的动作概念，示范动作必须做得准确、优美、规范并且富于表现力，这对强化动作要领、迅速掌握动作技术具有十分重要的意义。为了加强示范效果，应当在示范动作前告诉学生重点看什么，启发学生“看”与“想”相结合；在教学中采用正误对比的示范方法，能够启发学生主动思考，积极地进行分析、对比、判断等思维活动，加深对技术的理解，提高分析问题的能力。为了扩大学生的知识面，弥补教师示范的不足，还可采用图片、幻灯、录像等直观教学手段，让学生接受更多的图像信息。

(2) 通过进行生动、形象的讲解既能够达到直观的作用，同时又能启发思维活动。在健美操教学中，教师通过运用生动、形象、简明、易懂的语言来讲解或提示动作方法、动作要领、规格以及用力技巧，这样能够很好地帮助学生理解正确的动作技术。在讲解中通过对韵律、意境的描述，能够启发学生的想象力和表现力，积极地进行思维活动，发展他们的想象力和独创精神。

(3) “想”“练”结合。在学生看示范、听讲解初步建立了动作形象的概念之后，只有通过反复练习才能真正掌握动作技术。在练习中，每次练习前有明确的目标，练习中保持清醒的头脑，努力按正确要领完成动作，练后要找出不足，仔细观察同伴的动作，进行分析对比，想想下次该怎么做。运用“想”“练”结合的方法能够深入理解运动原理，快速掌握动作技术。

（三）循序渐进的原则

健美操有着非常多的内容，在对其教学内容、教学顺序以及运动量进行掌握和能力培养等方面，贯彻循序渐进的原则是非常重要的。

(1) 教材的安排应由易到难、由简到繁、由单一动作到组合成套动作、由基本动作到难度动作，逐步提高。在教学内容的搭配方面，既要考虑分类系统教学的纵向关系，又要考虑各类动作技术和各项身体素质相互迁移的横向关系。在教材衔接上要承前启后，使先学动作成为后学动作的基础，不断扩大教材的深度和广度，使教材具有系统性、科学性和循序渐进性。

(2) 教学步骤一般应按照由简单步伐练习到基本动作练习，由原地练习到行进间练习，由局部动作到全身动作，由慢节奏到正常节奏，由单一动作到联合动作，由联合动作到组合成套练习，由口令指挥练习到配合音乐伴奏练习这样一个循序渐进的教学程序进行。

(3) 课程中的运动量大小与一次课中完成的动作数量、动作时间、动作难度、动作密度、负荷强度成正比。在健美操教学课中，应根据学生的身体素质、身体状况和技术水平来对运动量的大小进行确定，一般依据小到大，大、中、小相结合，按照适应—加大—再适应—再加大的规律，有节奏地逐步增加，不可操之过急。

(4) 在健美操教学中，要将培养学生的能力作为重要的教学内容和教学任务，并贯彻始终，同时随着教学内容的不断增加而得到不断深化。各种能力的培养也要由易到难逐步增加，加大培养力度，使之能够与技术水平、理论水平达到同步增长。

(四) 身体全面发展的原则

健美操有着很多动作类型，对身体来说，各类动作所具有的锻炼价值是不一样的，在健美操教学中要对各类教材的锻炼价值和技术特点加以考虑，对教学内容进行合理的安排，促使学生在对各类动作技术进行全面掌握的同时，身体也能够得到全面发展。具体操作时应注意以下几方面。

(1) 制定教学大纲的进度时，注意各类教材之间的搭配要均衡，以更好地促使学生对各类动作技术进行全面掌握。

(2) 安排每次课的内容时，既要突出本次课的重点，又要注意使身体各部位的动作交替进行，使各项身体素质均衡协调地发展。

(3) 在健美操教学中，考核具有检查促进作用，在确定考核项目和内容时应考虑全面发展身体的因素，考核内容应包括各种项目及各类型基本动作技术，使学生在复习考核动作的过程中，各种身体素质、身体机能和各类动作技术得到全面提高。

(五) 巩固与提高相结合的原则

从动作技能形成的规律来看，学生初步掌握的动作技术和技能，只有通过不断巩固和提高，使其进一步完善和深化，在大脑中牢固地建立起动力定型，才能在运动实践中运用自如。因此，在教学中必须贯彻巩固与提高相结合的原则，并注意以下几点。

(1) 每个动作的练习时间都必须是足够的，以保证能够对正确技术加以多次重复练习，从而在大脑中建立一个稳固的动力定型。

(2) 在具体实践中，健美操动作并不是始终不变的，要促使运动技能能够在千变万化的组合成套的动作中得以稳定的表现出来，就必须在练习中变换方式，通过改变动作的开始、结束姿势，改变动作速度、节奏、力度和连接技术，使已获得的运动技能适应各种条件的变化，逐步达到运用自如。

(3) 组合成套是健美操的主要练习形式。将所掌握的各个单个动作按照音乐的节奏有机地编排成具有完整结构的组合成套的形式来加以练习，能够有效地增强练习者的协调性、韵律感和表现力，使已掌握的运动技能得到更进一步的巩固和提高。

(4) 通过考核、表演和教学比赛等形式，促使学生对已学过的健美操动作进行系统复习，提高熟练性，这是巩固和提高运动技术最有效的教学环节和方法手段。

第四节　健美操运动教学的组织与实施

一、课前准备

(一) 课程设计

结合学生的情况和特长完成课程构想，是教师健身课准备的首要工作，具体有安排课程强度、选择课程类型等。教师应当挑选自己擅长的课程类型，尽可能表现出自己的优势，高质量地完成每节健身课。在课前准备环节，最重要的任务是全面掌握学生的情况，从而科学地安排课程的内容和强度。

针对初学者以及健身课参与者来说，课程的内容应当是基本动作，各项动作比较简单，重复动作相对多样化，对身体协调性方面的要求比较低，同时主要动作是冲击力低强度的动作；针对技术基础比较扎实、身体协调性较好、身体健康的参与者来说，课程的内容应当是动作变化多样、高冲击力动作和低冲击力动作有机结合，主要动作应当是中等强度的动作；针对技术水平较高且身体素质良好的参与者，教师应当安排相对负责且变化多样的课的内容，选取运动强度较高的动作。

（二）音乐选择

在确定课程种类后，再根据课程种类的要求及自己对音乐的把握选择音乐。不同的课程所要求的音乐是不一样的，拉丁舞健身所采用的音乐是以拉丁风格的音乐为主，如恰恰、桑巴等风格的音乐；街舞健身所采用的音乐是动感十足的HIP-HOP 音乐；而传统健美操音乐一般采用 DISCO 音乐。因此，不同的课程种类决定采用不同的音乐。在确定课程种类后要做的第一件事就是要进行音乐的选择。同一种风格的音乐表现手法也不一样，决定着动作设计的变化手法也不一样，因此在选择音乐时必须根据自己对音乐的把握程度进行筛选，尽量选择自己能够很好把握并能通过自身动作很好表现的音乐。在做完以上工作后，最后根据课程的构思整理音乐。例如，课程的热身部分应当预留多长时间，选用什么样的音乐；课程的基本部分应当安排多少内容，分别安排多长时间，选用什么样的音乐；课程的放松部分应当安排多长时间，选用什么类型的音乐等，选用音乐时一定要选取课的构思，从而有效整理各个部分的音乐。

（三）动作设计与编排

教师完成课程设计和选择音乐这两项工作之后，应当着手对动作进行设计与编排，这同样是课前准备工作中的一个关键环节。在运动生理学中存在“用进废退”的原理，这项原理同样适用于健身锻炼过程中。具体来说，健身锻炼就是将身体不同关节的灵活性、肌肉的弹性以及韧带的伸展性作为基础，在身体所有部分共同参与下完成的一种健身活动。

因为动作是各种健身项目中的首要因素，所以只有具有良好的、符合科学要求的动作才更容易接近乃至达到目标，反之则会事与愿违，甚至对人造成伤害。优美大方的动作令人赏心悦目，并给人们带来欢乐，从而延缓疲劳现象的产生，反之则使人产生厌恶的心理。

人体的运动从解剖的角度看是围绕着各个关节而进行，并由神经系统指挥肌肉收缩与伸张而产生运动，运动形式主要有屈、伸、举、绕、弹、踢、摆。由躯干、上肢动作与下肢动作配合而产生的各种姿态、步伐、跳动、旋转。健美操的动作是以步伐为基础，通过步伐练习提高心血管系统的功能、培养灵活性、协调性、节奏感等。动作本身包含很多项要素，最为关键的分别是位置、节奏以及过程，位置主要有人体相对空间的位置，四肢相对躯干的位置等，节奏主要指动作和动作串联之后的彼此之间的时间关系，过程包括路线与方向，具体就是动作与动作连接过程中肢体的运动轨迹。其次，动作本身的重要因素是时间，即连接过程中所用的时间。

健美操当中采用的动作应该是那些有利于健康，遵循人体的自然发展规律，安全可靠的动作，而易造成损伤的动作是被禁止使用的，如背躬等。目前健美操的形式是多种多样的，良好的、科学的使用这些动作，可以有效地促进人体的健康。掌握这些动作的规律，了解它们的功能，是作为一个创编者所必须做到的，因为动作是健美操的核心。了解这些知识以后开始进行动作的设计与编排。健美操动作的设计与编排应遵循以下指导思想及创编原则。

1．健美操创编的指导思想

健美操运动的宗旨是提高人的健康水平，在进行创编时除了把握具体的操作外，还要明确总体的指导思想。健美操创编的指导思想具体如下。

(1) 健身性。健身性是在创编中首先应具有的思想，也就是一切动作与设计都应围绕这一思想进行。健美操的目的在于提高人的健康水平，人的运动基本素质，改善形体。健美操是属于有氧运动范畴，有氧运动可以使人体的各循环系统得到很好的锻炼，同时有氧运动又能有效地消耗脂肪。

要想保证人体健康，就必须使人体的各个部分都得到充分的锻炼。根据人体解剖特征，人的头颈、躯干和四肢要想得到充分的锻炼，应有意识地使各个关节进行各种运动，如屈伸，摆动及绕环等运动形式，从而促进肌力的增加，提高关节的灵活性，以及通过改变运动的位置、方向、节奏、路线来影响不同的肌群。通过动作路线、节奏、位置、方向与单一动作、复合性动作的变化来培养人的协调性、同一动作重复越多对同一肌肉及关节影响越大，但并不是越多越好。因此恰当地运用才能达到促进健康的目的。

作为一个健身运动的指导者应该知道每一个动作对哪些肌肉或肌群产生影响，以及肌肉做功的基本原理。例如，通过手臂胸前屈肘对二头肌施加的影响，通过提膝对腹直肌及股四头肌的影响等。

(2) 安全性。安全性是保证健康的前提条件，同时也是为大多数人服务与发展有力保障的条件之一。因此，在创编健美操过程中必须坚持有益于健康为基础，避免那些容易造成伤害的方法与手段，发展那些有益于身心健康的方法与手段。

教师要想达到安全性要求，需要做的首先是保证采取有氧练习，防止无氧运动产生；其次，严格遵循人体自然运动规律，坚决反对和人体自然活动的动作相违背；再次，尽可能减少对关节产生冲击力，有效保护关节；然后，防止肌肉被过度牵拉，避免对肌肉产生伤害；最后，教师应当保持奋发向上的精神状态，从多方面体现人体良好的精神状态。

(3) 身体全面发展。就身体全面发展来说，不但是创编健美操的一项重要思想，而且是保障人体健康尤其是均衡发展的一项关键条件。

(4) 娱乐与艺术性。健美操不同于其他运动项目，在于它有很强的娱乐性与艺术性。人们在锻炼身体的同时，身心也可得到愉悦。世界卫生组织发表的健康定义为：“健康是一种在身体上、精神上的完满状态，以及良好的适应力，而不仅仅是没有疾病和衰弱的状态”。以这个定义为依据，能够把健康理解成，第一是生理健康，第二是心理健康，第三是良好的道德和适应水平。悦耳的音乐能够有效陶冶人的情操，舒展大方的动作能够给人带来美的享受，在音乐和动作的双重作用下，常常能够有效释放人们的负面情绪，由此得到良好的情绪和状态。

2．健美操创编的技术性原则

在创编活动中遵循特定的规律与原则是保障成套动作的科学性、时效性的必要条件，是通向设想目标的桥梁。

(1) 合理的成套动作结构。健美操课的结构往往由三个部分组成，分别是热身部分、基本活动部分以及放松调整部分。热身部分的主要目标是让身体从比较静止的状态，开始活动到关节和肌肉获得一般性活动，从而加深呼吸为进入应当达到的运动强度做好充分准备，尽可能防止运动损伤，并且向基本活动部分做好思想准备。制定热身部分的内容可以以整套操的目的和结构作为依据，主要包括呼吸和动作协调配合、一般性伸拉和关键活动等。

基本活动部分是锻炼过程中的主要部分，练习的主要内容是关节的活动以及肌肉练习，从而有效消耗热能，完成练习采取的主要形式是操化动作、垫上练习、步伐、跑跳等。基本活动部分的主要目标是加强运动负荷，借助耗能来有效减脂，从而提升人体运动的基本素质，有效改善心脏器官的功能。教师在创编肌肉练习的过程中，应保证练习和伸拉交替进行，从而避免肌肉过度僵硬。

放松调整部分主要以放松、伸拉为主要内容，目的是放松肌体，注意逐渐降低运动负荷，从而尽可能的恢复与达到锻炼前的状态。每个部分运动强度不要忽然加大或减少，注意连接动作的设计，使运动强度逐渐变化。

(2) 鲜明的针对性。创编健美操的过程中，创编者首先要对接受者的具体情况进行分析，最基本的是身体有无严重的疾病，特别是不适合运动的疾病，如严重的心血管疾病，运动功能上的疾病与缺陷等，身体素质(力量、耐力、速度、柔韧、灵敏)情况如何，运动经历、心理状态和周围环境等因素都应予以考虑。

(3) 动作的有序性及流畅性。在健身俱乐部练习及集体练习健美操时，锻炼者流动性强，业余练习者居多，一般的教练常常采用连续的教学方法带领学生练习健美操，在创编这类操时应注意有顺序地安排动作，使动作与动作之间形成一定的规律及连贯性，便于锻炼者快捷而顺利地接受和掌握动作。特别是步伐的流畅，因为流畅而符合规律的步伐是锻炼顺利进行的有利保证，同时也可以减少运动损伤的出现，从而更好地达到锻炼的目的。

有序和流畅，一方面是指活动部位有序流畅，另一方面是指动作和动作之间连接的规律有序流畅。例如，根据解剖位置从上到下或从下到上，从外向内或从内向外，从一种步伐正确连接到另一种步伐，从局部到全部以及从单一到复杂。为有助于教学顺利开展和学习者全面掌握，建议教师在创编过程中有针对地分解复合性动作并全面分析动作，推动动作达到有序流畅的要求。健美操的动作主要由步伐配合上肢运动和躯干运动组成，在形成一个复合性动作时能够将其划分成若干个单一动作，此后再逐步进行组合。

要使动作连贯合理，首先要了解动作中包含哪些类型。第一，步伐。步伐的流畅主要是保证运动中的身体重心，如果能够在运动中使身体重心平稳，做到流畅就不难了。步伐的主要形式有：双脚同时运动、双脚依次运动、同脚多次运动。在步伐与步伐的转换中，重心的变化是关键所在。首先，重心在双脚中间同时运动，如双脚弹动、开合跳等，这类步伐在连接下一步伐时可以任意的选择。其次，重心偏离人体中心倒向某一边时，如果接下一步伐则使用另一只脚(有意多次使用同一侧脚除外)。第二，手臂动作。手臂动作的运动形式与运动范围比较复杂多样，归纳起来有对称性运动、不对称运动、单手运动(单手依次、单手单边多次)和双手运动，运动形式有伸、举、摆、绕、振等。通常情况下，对称运动比不对称运动的接受难度较小，倘若上下之间和左右之间在胸前停留一下就更容易被接受。教师应当有规律地运用这些形式。在整套操产生特定规律之后，教师应当要求锻炼者尽快掌握动作，从而有效强化锻炼的实效性。

(4) 合理的运动负荷。在创编健美操的过程中，控制运动负荷是极为关键的。健美操应当将运动负荷控制在中小强度的范围内，从而为运动过程中正常呼吸供氧提供保障。为了有效地达到最佳锻炼价值，应把负荷控制在健身所需要的负荷之内。在健美操中常用的控制最高心率办法是：220－年龄=最高心率。

一般来说，动作速度、重复次数、时间、动作幅度、肌肉用力因素会对运动负荷产生影响。在相同时间段内，动作速度越快、重复次数越多、幅度越大，肌肉用力越大，强度就越大；反之则小。如果保持动作速度、幅度、肌肉用力，则时间越长、重复次数越多，强度也越大；反之则小。

教师在对健美操运动负荷进行设计时，应当促使运动负荷逐步上升和下降，同时在负荷变化过程中呈波浪式曲线上升和下降，整体呈现为正向曲线，整套健美操中允许出现 1～3 次高峰值，当产生多次峰值时每次强度应当是不同的。锻炼时间越长，则产生多次峰值的可能性越大，反之就越小。在国际上，一般会把俱乐部锻炼时间控制在 45～60 分钟，我国部分俱乐部将锻炼时间控制在 60～90 分钟。就步伐强度来说，主力腿腾空高度、动力腿动作幅度、肌肉控制力度、动作速度都会对其产生影响；就手臂动作强度来说，具体就是以肩为点从下往上逐步强化，动作幅度和动作速度同样是控制强度的关键性因素。

(5) 动作风格与音乐风格的统一性。强调创编中的艺术性与创新，并在创编中遵循动作风格与音乐风格的统一性。健美操是一项结合了体操、舞蹈、音乐等项目特点的综合性体育锻炼项目，它的重要特点之一是带有强烈的娱乐性与表现力。因此，有目的地吸收舞蹈动作与其他运动项目的动作，以及独特的动作创造是在创编中必不可少的环节。

现代健美操起源于 20 世纪 60 年代末、70 年代初的美国，70 年代迪斯科舞蹈盛行于美国，后风靡全球。健美操最初把迪斯科与体操动作融为一体，并运用有氧运动的锻炼原则，迎得了众人的喜爱，主要原因在于它独有的娱乐性与健身的实效性。尔后健美操融合了越来越多的舞蹈动作与独创动作，形成了风格各异，形式多样的健美操。例如，爵士健美操、拉丁健美操、搏击健美操等，使锻炼者从中得到了无比的乐趣与益处。健美操是一项包容性很强的体育运动项目，能够很快地吸收新的舞种与新动作，只要对身体锻炼有益都可以被接纳。这是和健身市场与人们的需要分不开的，也是健美操发展的原动力。由此可知，衡量创编者优劣的关键性标志是其选用舞蹈素材与其他运动项目的动作和独创性。

二、教案撰写

在每次课之前编写教案能够让课前准备更加充分，促使教师对教学的自信心更强。在某些情况下，一名健美操指导员往往同时教授几种课程，通过撰写教案来记录每次课的教学内容，将会给健美操教学带来很大的便利。除此之外，坚持记录动作组合编排对提升健美操指导员的创编水平和提升授课质量都有积极作用。撰写健美操课的教案应当涉及的内容有目标和任务、教学内容、教学方法、教学要求、时间分配。

三、设施准备

教师在课前应当提前10分钟到场，主要工作是：第一，检查音响设备与场地状况是否正常，倘若出现问题应当及时处理；第二，准备好哑铃、踏板、垫子等上课所需的器材，布置的位置应当选择不影响其它课的开展且方便取放。

四、沟通

在课前准备中要做到指导员与学生的沟通，了解学生的基本健身史、伤病史等，以及学生喜好的课的类型，以保证授课的质量。

五、课堂组织

（一）课前交流

健美操课分为学校健美操课和健身房健美操课，在正式上课之前，应用几分钟介绍一下本堂课的主要内容、特点和目的，使学生心中有数。同时，如有新学生，应适当打个招呼，不要让新学生感到陌生和受到冷落。如果本次课是第一次课，或者都是新学生，那么教练应首先进行自我介绍。

（二）练习队形与示范位置

练习的队形应根据参加练习的人数和场地的具体情况来确定。学生之间的间隔和距离要适宜，每人应有大约两米的空间，左右以学生两臂侧举不会相碰、前后以适当插空排列为准，这样不仅学生有足够的活动空间，而且能有效地观察到教师的示范动作和面部表情，有利于相互间的沟通。进行器械练习时，应根据器械的特点和大小适当增加练习队形的间隔距离。在取放器械的过程中，健美操教师有责任进行指导和组织，有效提高练习效率，并且努力避免伤害事故出现。

决定示范位置的首要要素是保证所有学生都可以看到，从而为指挥和观察提供便利。在现阶段，部分场地设置了示范台，为教师上课带来了很大的便利。当未设示范台时，应当借助调整队形来促使所有学生都可以观察到教师，这是保障练习效果的一项重要因素。循环练习课、力量练习课等十分盛行，要求健美操教师走到学生中间展开交流和指导，这种方式有助于教师处理个别和集体之间的关系。

（三）教学形式

健美操课多采用集体练习的形式，因为有氧练习要求中低强度、长时间的运动。在课程进行过程中最主要的要求是保持学生的心率在一定的时间内不下降，使之稳定在最佳心率范围内。因此，集体练习就成为一种最有效并被广泛采用的健美操课练习形式。

集体同时练习和集体分组练习是集体练习中两种截然不同的练习形式。集体同时练习即所有的学生同时做同样的动作，其优点是比较简单、便于教师的指挥，容易达到练习的强度和密度要求；其不足之处是形式比较单一，容易使学生感到枯燥，从而失去对练习的兴趣，需要教师特别重视与学生的沟通和激励方法的运用。集体分组练习即把学生分成若干个组，同时或依次做不同的动作。这种练习包括目前在国外非常流行的循环练习，以及加入各种队形变化的练习方式。集体分组练习使得学生之间的配合和联系更加紧密，使得练习乐趣更加浓厚，并且将教师的主要工作由单方面领操转移成了课堂的组织，由此健美操教师需要达到更高要求。

对于一堂健美操课来说，可以将集体同时练习和集体分组练习有机结合起来加以运用。例如，在热身和整理练习的过程中，可以选用集体同时练习，在中间的主要练习阶段可以选用集体分组练习，如此能够让课程组织更加多元化，使得学生的兴趣和锻炼效果都得到大幅度提升。

（四）观察与调整

尽管任何一名健美操教师在课前都会有一定的设想，部分教师甚至已经写好了教案，但健美操教学课程中，依旧需及时观察学生的练习情况，同时参照具体情况及时调整动作难度和教法等内容。由于学生的身体情况和情绪是不断变化的，也可能教师原先的信息与事实有出入，设想不一定符合当时的实际情况，也许个别人有特殊情况需要特别的照顾，总之应使课堂上所有的学生都感觉良好，没有人跟不上你的动作，也没有人感到枯燥，这样才能保证课的效果。因此细心的观察和及时地调整对一堂成功的健美操课是非常必要的。

（五）激励

采用各种各样的方法及时对学生进行激励是健美操教师应具备的意识。激励在一堂课中应贯彻始终，包括对学生的每一点进步都及时进行表扬，使学生明确自己的进步，增强其锻炼的信心，并鼓励其向更高的目标努力。

六、课后交流与总结

（一）交流与反馈

在授课结束之后，教师不可以立即离开场地，应当预留和学生交流的时间，以便及时掌握学生的感受与想法。

（二）总结与改进

教师把自身体会和学生反馈信息当成依据，及时评估和归纳上课情况，肯定优点并指明缺陷，探究出存在的问题以及处理措施，为接下来的授课更加完善提供依据，由此持续提升教师的能力以及指导效果。

第二章　健美操运动训练基础理论研究

如何进行科学的健美操训练，以达到增强体质、增进健康、美体塑身、预防疾病、延年益寿的目的，是每一个健美操训练者首先要考虑的问题。学生要想达到良好的健美操训练效果，就必须明确健美操训练的基本原则和科学训练方法，结合自身制订训练计划，同时加强训练过程中的营养与卫生。

第一节　健美操运动训练的基本原则

一、系统性原则

系统性原则是学生进行健美操训练的基本原则之一。只有进行系统的训练，才能熟练掌握科学正确的健美操动作和技巧。

系统性训练原则是学生练习健美操的需要；是学生不断重复和巩固健美操动作技术的需要；是学生实现健美操运动技能系统化积累的需要；是学生取得优秀健美操运动成绩的需要。

在健美操训练实践中，多年系统训练和周期训练是实行系统性原则的两个重要手段。学生应该有明确的训练目标，同时将健美操的身体素质训练、技术训练、心理训练等结合起来，合理安排训练周期和训练负荷，使整个训练过程系统有序地进行。

二、周期性原则

周期性原则是指学生在健美操训练的整个过程中要按照各阶段组成的运动周期循环地进行。

健美操训练的周期性原则具有一定的科学依据，即竞技状态的客观规律和健美操运动技术形成的客观规律，具体表现在以下几方面。

第一，学生健美操各训练周期是相互联系的。一般情况下，健美操训练的前一周期是后一周期的基础，后一周期要在前一周期的基础上获得提高，从而获得最佳的运动成绩。健美操运动训练遵循周期性，一定要重视各个周期内健美操的具体训练。

第二，学生健美操各训练周期是相对独立的。在健美操训练的不同周期内，由于训练的阶段不同，具体的训练任务、训练内容、训练目的、训练方法、训练手段、训练负荷等都会有所不同。在健美操周期性训练中，一定要注重各周期间的不同之处，根据具体情况进行训练，以期获得理想的效果。

第三，学生在遵循健美操运动周期性原则时，还要注意其他因素对周期性的影响，如比赛任务、对象特点、训练环境等因素对健美操训练的影响，合理安排健美操训练的周期，各周期间也要做到紧密衔接，并及时根据健美操运动训练的反馈情况对训练周期进行调整。

三、直观性原则

在健美操训练过程中，坚持直观性原则可以有效地提高学生的训练效果，因此应予以充分的重视。

在健美操训练实践中，直观法是一种常用的训练方法，通过教师的直观教学，可以将健美操的训练生动形象地传递给学生，学生可以更加容易、准确地掌握健美操的动作技术。

对于健美操运动的初学者来说，在训练中遵循直观性原则，可以先观看教师的示范动作，等训练达到一定的水平之后，可采用图解、录像、语言信号、助力、固定身体姿势或慢速做动作、直接观摩优秀运动员的表演和比赛等手段，结合教师恰当的比喻、形象的讲解，以及教师对学生动作技术的观察分析、研究讨论，积极思考，逐步找出完成健美操运动的规律性，体会健美操动作的空间方位和肌肉用力。

四、循序渐进原则

学生进行健美操训练遵循循序渐进原则符合人体动作形成的客观规律。在运动技术的训练和学习中，人体结构的改变、运动能力的提高、内脏循环功能的改善，都是由于机体的神经系统通过对运动系统及其他内脏循环系统反复调节而形成的适应性反应。这种适应性的形成是一个相当复杂的协调过程，仅仅靠几次训练和练习是无法实现的，因此，学生只有经常坚持训练，长期积累经验，才能达到良好的训练效果。

人的体形不是一朝一夕就能形成的，健美操的训练也需要一个由量变到质变的过程。在训练实践中，学生运动技能的提高并不等于增强了身体素质，反而打破了机体原有的生理平衡。因此，必须坚持循序渐进的原则，让机体在健康的状况下逐步形成新的生理平衡。

五、持之以恒原则

健美操训练可以强身健体、健康减肥。因而，学生都希望通过健美操的训练来获得匀称的身材、优美的体态和优雅的举止，但是训练是一个枯燥的、长期的过程。一些学生在经过一段时间的健美操训练后，发现自己的形体或体重并没有发生显著变化，就放弃了健美操训练计划，显然，这种认识和做法都是错误和不科学的。

生理学研究证明，人体是一个完整的机体，人体任何动作的完成都是在中枢神经系统的指挥下进行的，全身各组织器官之间都有着密切的联系，身体任何局部功能的改善和提高都是协调和共同运动的结果。在训练中遇到困难或没有成效就放弃，肯定不能取得预期的训练效果；而急于求成或盲目增加运动量，就会使心脏的活动超出正常负荷的限度而疲劳过度，不利于身体健康。

因此，学生要想通过健美操的训练拥有一个健康的身体，不坚持运动是难以获得的。最好的健身方法还是坚持有规律的、经常性的训练。只有持之以恒地进行训练，才能达到增强体质和健美形体的目的。

六、区别对待原则

唯物辩证法认为，矛盾具有特殊性的特点，每种事物都有自己的特点。由于学生在性别、年龄、身体素质、理解能力等方面存在着很多不同，所以健美操运动的训练内容、训练方法、训练负荷等也应有所不同，学生进行健美操训练要充分考虑客观规律和实际情况，即要求学生健美操训练中遵循区别对待的原则。

区别对待原则有利于调动学生练习健美操的自觉性和积极性，也有利于教师发现和培养有前途的学生。在健美操训练中的确存在着一些“全面型”的学生，但更多的学生还是优势和缺点并存，并且具有明显的差异性，因此在健美操运动训练中，教师要对学生的情况了如指掌，学生在自主训练时也要做到从自身的条件出发，个别对待、扬长避短。例如，在某些素质和技术上不足的学生应加强薄弱环节的训练，尽量提高运动技能。

另外，健美操运动具有众多的种类划分，且参与人数也有所区别，如包括单人、混双、三人、六人项目等比赛，学生在训练中应认真贯彻区别对待的原则。

总之，学生在进行健美操训练中贯彻区别对待原则必须反映在训练计划及训练的始终，使训练任务、训练内容、训练手段、训练方法和运动负荷符合个人特点，切合实际。

七、合理安排原则

（一）合理安排运动负荷

健美操训练的运动负荷直接关系到健美操的训练效果。因此，在训练实践中要合理安排。运动负荷过大或不足都不能取得良好的训练效果。

一方面，如果学生在健美操训练过程中，训练负荷难以使学生的身体得到充分的训练，学生自身的潜力就难以充分挖掘，取得的效果也就非常微弱；另一方面，如果学生在健美操训练过程中承受的训练负荷强度过大，学生身体运动过度，就会对学生的身体造成一定的损害。因此，合理的健美操运动负荷安排是学生科学训练的前提和基础，是充分发挥学生运动潜力、促进学生合理训练、使学生正确领悟和掌握健美操运动动作和技术的训练保证，应该引起学生以及教师的高度重视。

在健美操运动训练实践中，合理安排运动负荷要以机体超量恢复为理论依据。根据机体超量恢复原理，结合具体的训练任务、针对不同的训练对象，逐步而有节奏地加大训练负荷，直至达到学生所能承受的最大限度的运动负荷。实践证明，在健美操运动训练中，逐步加大运动负荷是可行的、科学的。具体应按照“加大—适应—再加大—再适应”的过程逐步增加训练负荷。

另外，合理安排运动负荷还要贯穿到健美操的全年和多年的训练计划中，注意大、中、小运动量的结合，充分考虑训练对象的性别、年龄、身体素质、训练水平、意志品质、思想状态、伤病情况等因素，统筹规划安排。

（二）合理安排训练时间

健美操的训练时间应根据训练者的作息时间、生活规律来具体安排。同时，应在训练实践中找出适合自己的训练规律，即在训练时能很快调动起机体的兴奋性和训练后感到舒适为准，然后争取每次都在这个时间进行训练。定时进行训练，可以使机体产生一系列适应性变化，让身体各器官机能在训练时充分调动起来，以达到训练的最佳效果。

健美操的训练应尽量安排在15：00～18：00，这是因为，一方面，午饭两小时以后，食物经过消化吸收后进入血液循环，能对组织细胞的能量代谢起到化学刺激作用，这时人体产生热量最高，有利于健美操训练过程中机体能量代谢成倍的需要；另一方面，一天当中的该时间段内人体生物钟一般正处于最佳的状态，精力充沛，运动量可以加大。训练后，人体需要充分的营养和休息，晚饭和晚上睡眠正是对健美操训练后体力消耗和疲劳的一种及时补充和休息，使机体肌肉增长的同时巩固训练效果。

合理安排健美操的训练时间应注意以下几点。

(1) 一个周期的训练。在训练初期，每次训练时间在45～60分钟为宜，每周练习3～4次或隔天练习一次。训练两三个月后，可结合自身的机体反应将每次训练时间增至 90 分钟。

(2) 一天当中的训练。首先，如果将训练安排在饭前进行，应在训练后休息 30 分钟后再进食，以免运动时体内血液集中在运动器官，而导致胃肠缺血、抑制消化。其次，如果将训练安排在饭后进行，应在饭后休息 1.5～2.5 小时再进行训练。因为进食后的一段时间内，胃肠道中食物充盈，横膈膜上顶，影响呼吸，不利于运动，避免剧烈运动导致集中于消化系统的血液分散到运动器官、引起消化和吸收不良。最后，如果将训练安排在晚上进行，应在临睡前 1.5～2.5 小时结束运动，以免训练引起过度兴奋而影响睡眠。

八、及时调整原则

任何事情都不是绝对的，健美操的训练也不是一成不变的，应根据自身的训练效果和身体状况及时对训练进行调整。

学生如果在进行健美操训练时感觉身体状况欠佳，有炎症或出现疲劳症状(四肢无力、疲倦、头晕、恶心、心悸等)时，应立即停止训练，不要勉强。这是因为当机体状况不好时，机体的中枢神经对身体的控制能力就会大大下降，有机体对外界环境的适应能力和有机体的协调关系也会出现失调现象，如果仍然勉强坚持训练，不仅不利于健身，反而会给身体健康带来不良影响。

当然，如果在健美操的训练过程中只是出现轻微的疲劳症状，可以采取休息、调整训练负荷、缩短训练时间等方法进行调节缓冲。这就要求学生学会区分疾病性和运动性的疼痛，如果是肌肉的酸疼、胀疼则不必停止训练，应尽量坚持，做适当的调整与放松，通过超量恢复，会使机体得到进一步的改善与提高；如果是疾病性的疼痛则应及时停止练习，并及时到医院就诊。

九、全面训练与专项训练相结合原则

全面训练与专项训练相结合是学生进行健美操运动训练时获得最佳训练效果的需要，必须遵循。

众所周知，在人追求自身的全面发展的过程中，个体身体素质的全面发展是一个重要方面，因此，在长期健美操的训练过程中，应重视训练的全面性，将健美操的专项训练与身体素质的全面锻炼结合起来，把已提高的身体素质保持下来，并应用到技术训练中去，以促进身心的全面、健康发展。

一般情况下，健美操训练初期，身体训练的比例应多些、广些，当训练者具备了一定的训练基础后，训练者的健美操基本动作就要作为专项训练的重要手段来配合健美操运动的整体训练。

健美操的全面训练有多种多样的手段。在开始阶段可采用田径等项目进行全面身体练习，经过一段时间的训练后再加强与健美操专项技能的发展关系大的内容的练习，如辅助性、诱导性以及专项基本功训练等。

第二节　健美操运动训练的科学方法

一、健美操动作技术训练方法

（一）想象训练法

健美操想象训练法是指学生在练习前通过对健美操动作技术要领的想象，在大脑皮层中留下技术动作形象，然后在具体的训练中激活这些形象，使健美操技术动作完成得更为顺畅和正确的一种训练方法。

学生在运用想象训练法进行训练时，要与各种感觉相结合，即在大脑中对动作技术想象的同时，同步地与机体的各种感觉结合起来，把想象变成动作实践。想象训练法因对学生的抽象思维能力要求较高，训练实践中较少采用。

（二）完整与分解训练法

健美操完整训练法是指学生将健美操运动技术动作从开始到结束完整地进行练习，从而掌握健美操动作技术的训练方法，其优点在于帮助学生建立完整的技术动作概念，不至影响健美操动作结构的完整性，适用于较为简单或不宜分解的动作技术训练；健美操分解训练法是指将一个技术动作分成若干个环节分别进行练习的方法，其优点是可以减少训练难度、增强了学生学习健美操的信心，适用于复杂的技术动作及技能主导类表现难美性项群的成套技术动作训练。运用完整与分解训练法应注意以下几点。

(1) 一些不是很复杂的动作可先进行完整训练再进行分解训练。

(2) 有一定难度的动作技术多采用先分解后完整的训练，但注意不要破坏动作的完整性、不影响技术动作的结构特点、不破坏动作各部分之间的有机联系。

(3) 较高水平的运动技术，采用分解训练法的比例应大一些。

(4) “先分解后完整”或“先完整后分解”都不是固定的训练程序，训练实践中应根据具体的技术动作的难度、结构及学生的心理特征等来确定采用何种训练法。

(三) 减难与加难训练法

健美操动作技术训练中以低于健美操运动专项要求的难度进行训练的方法就是减难训练法；健美操动作技术训练中以高于健美操专项要求的难度进行训练的方法就是加难训练法。

健美操减难训练法主要应用于健美操训练的初期，如在跳远训练的踏跳练习中，以弹簧板代替踏跳板；健美操加难训练法因对学生的综合素质要求较高，所以在训练实践中较为少用。

(四) 核心训练法

核心训练法是近年新兴的训练方法，主要应用于健身、健美领域，这种训练方法主要基于认识到体能训练中躯干肌的重要作用。因此，将以往主要用于健身力量训练方法拓展到健身、健美、竞技体育领域而被提出的。“核心”是一个分步、分级、分层的有机整体，这是核心训练的核心。

在解剖学上，学者认为核心部位的顶部为膈肌，底部为骨盆底肌和髋关节肌。也有学者认为，核心部位包括胸廓和整个脊柱，将整个躯干视为人体的核心区域。在功能上，一些学者将构成或提高核心稳定性的力量能力称为“核心力量”或躯干稳定力量。在健美操具体的训练实践中，肌肉的部位有深浅，动作的时间有先后，用力有主动、被动与协调，并受神经内分泌、屈伸、向心、离心等因素的影响，因此在训练中应充分考虑这些因素。

（五）功能训练法

功能训练是一种为提高专项运动能力而加强核心力量、使神经系统更加有效训练的方法，在健美操训练中较少采用。

功能训练是一种训练“动作”或“姿势”的控制力和精确性活动，它不强调某一具体动作中的四肢力量的过分发展，而是重视多关节、多平面的训练，并把机体的平衡控制和本体感受纳入训练实践当中，强调全身动作的一体化和控制平衡。

二、健美操比赛心理训练方法

在健美操的比赛中，学生运动员动作技能的发挥受心理因素的影响。因此，在日常的健美操训练中应注意对学生进行适当的心理干预，重视心理训练。健美操心理训练是专门针对学生为完成专项运动所需的心理素质的训练。学生的心理素质得到加强和提高需通过具体的训练方法来实现，具体包括以下几种。

（一）表演训练法

健美操表演训练法是指让学生经常参加各种表演活动，在实践中提高学生的表现力和表演经验，从而克服在比赛中紧张、害怕的心理。健美操的表演训练多安排在阶段训练的后期和比赛前期。

（二）模拟训练法

健美操的模拟训练法是指按健美操运动的比赛条件和比赛环境专门安排的训练。这种训练方法可以培养学生适应健美操运动比赛的心理状态，加强比赛中的自我控制和自我调节的能力，从而提高学生运动员在临场比赛时的适应能力。

值得注意的是，健美操的模拟训练法应该贯穿于学生平时的训练之中。在日常训练中适当地增加学生的心理压力，制造紧张的比赛气氛，使学生运动员在模拟训练中及时进入角色，体验真正的健美操比赛环境中的比赛心理。

（三）念动训练法

念动训练法又称表象训练法，是运用运动表象并结合自我暗示，在运动员的头脑中重复再现过去完成的正确动作形象，回忆与再现、唤起临场感觉的训练方法，主要目的是通过多次动作表象，提高学生运动员的表象再现能力及表象记忆能力，排除干扰，调节紧张心理，使学生的注意力集中在正确的健美操动作技术上，提高学生的心理稳定性。

健美操的念动训练采用的时间应在成套健美操动作训练间歇时间、睡觉前或比赛开始前。这种方法在学生健美操运动训练中较为少见。

第三节　健美操运动训练计划的制订

一、健美操训练计划制订的依据

健美操训练计划制订依据的选择是否得当决定着学生训练的科学性和系统性是否得到了贯彻。健美操训练计划具体应根据现实的需要、比赛的任务、学生的身体素质、伤病情况等实际情况进行分析估计。

二、健美操训练计划制订的过程

健美操训练计划的制订大体上分为三个步骤：首先，教师应该根据学生健美操运动训练的具体任务和要求，在充分分析计划制订依据的基础上制订训练计划草案；其次，教师经过对训练计划进行反复研究、修改、补充，进一步确定训练计划并执行；最后，教师在执行健美操训练计划的过程中，根据客观实际及时进行修正和调整。

三、健美操训练计划制订的要求

(1) 健美操训练计划的制订应从实际情况出发，做到调查细致、内容选择确切、撰写计划的文字简练。根据不同阶段的训练任务以及训练者的性别、年龄、身体素质、技术水平、训练场地等情况进行制订，做到有针对性和可行性。

(2) 健美操训练计划中训练内容的安排要符合认识论的原则和训练所应遵循的各种基本原则。例如，动作应由易到难，逐渐加大训练负荷；应做到一般要求与个别对待相结合，合理安排健美操动作技术、健美操素质训练、健美操基本姿态训练的内容及比例。

第四节　健美操运动训练的营养与卫生

一、健美操训练的营养

营养是人体消化吸收、利用和获得物质的过程。营养是构成机体组织的物质基础，营养学认为从饮食中获取营养是最可靠的途径，只有科学的饮食才能使人体获得合理的营养。健美操训练的营养饮食具有一定的特殊性，它是根据健美操训练对营养物质的消耗情况而采取的有针对性的营养补充方法。合理的营养饮食可以保证学生在健美操训练过程中保持机体营养的均衡。

(一) 健美操训练所需的营养素

要做到科学、正确地选择饮食，充分发挥食物的营养作用，学生必须具备一定的营养知识。人体的生命活动是依靠蛋白质、脂肪、糖、维生素、矿物质和水六大营养素的营养作用来完成的。

1. 蛋白质

(1) 蛋白质对人体的影响。蛋白质是构成生命活动的基础物质，它由许多氨基酸构成，氨基酸能迅速被人体消化和吸收而不给人体增加负担，而蛋白质需用2～4 小时才能被消化。蛋白质具有构成机体组织、调节生理机能、提供热量等功能，与学生的运动能力有密切的关系。在健美操训练过程中，学生对蛋白质的摄入量会因个人年龄、体重、性别、肌肉水平、总热量摄入量及所食用的蛋白质的生物价值等有所不同。从生物学的角度来讲，绝不能缺少高质量的蛋白质。蛋白质摄入不足或摄入过多，对机体肌肉的壮大、机体肌肉功能的提高、机体正常的代谢都有不良影响。

首先，如果蛋白质长期供应不足，机体就会发生蛋白质缺乏症，主要表现为因血浆蛋白浓度下降而出现的浮肿；酶的活性降低、机能减弱；球蛋白减少、抵抗力下降；儿童发育迟缓，甚至妨碍智力发育；成年人体重下降、肌肉萎缩、贫血、皮肤弹性下降、毛发脱落；女性可能月经紊乱，面容憔悴。

其次，蛋白质供给过多会在代谢和排泄中增加肝脏和肾脏的负担，同时还易增加尿中钙的排出量。

研究表明，普通人每天每千克体重大约需要 1 克蛋白质；参加一般类型体育运动的人员，每天每千克体重大约需 1.5 克蛋白质；健美操训练者应摄入更多一些，达到每天每千克体重 2.3 克蛋白质。

蛋白质对形体健美起着十分重要的作用。首先，肌纤维增粗、力量增大必须依靠肌肉中蛋白质的含量增加；其次，机体中血红蛋白和肌红蛋白的增加可以有效地改善运动时体内的物质代谢。

(2) 蛋白质的主要食物来源。蛋白质所含氨基酸的种类和数量不同，其生理价值也不同。动物性蛋白质所含氨基酸种类和比例与人体接近，其生理价值和被人体利用的利用率也高，谷物蛋白质的生理价值则相对偏低。

蛋白质主要存在于粮食、豆类、蛋类、肉类和奶制品以及各种籽、仁等食品中。人体所需蛋白质大部分来源于谷物，60%～70%的蛋白质来自主食。研究证明，一般谷物中蛋白质生理价值偏低，主要原因是其所含人体必需的赖氨酸和苏氨酸偏低所致。牛奶、蛋类、瘦肉、鱼类和禽类是蛋白质的最佳来源，含有人体所需的全部必需氨基酸。但是它们在供给高价值的蛋白质的同时也带来了一些不需要的附属品，如脂肪、嘌呤和胆固醇等。

对于健美操训练者来说，如果不能保证动物性优质蛋白质的供给，可以多食用一些豆类食品(蛋白质含量约占 40%)。重量相同的一份大豆中，蛋白质的含量相当于瘦肉的 2 倍、鸡蛋的 3 倍、牛奶的 12 倍，并且可以被人体高效利用。为了从食物中得到足够的蛋白质，还可以食用不同食物混合搭配的实用方法，以充分发挥蛋白质的互补作用。荤素食品搭配食用，有助于弥补动物性蛋白质中蛋氨酸和胱氨酸的不足，使其有更高的人体消化吸收率。在条件许可的情况下，动物性蛋白质占总摄入量的 1 / 3～1 / 2 最佳。

总之，在进行健美操训练时，要注意合理地补充蛋白质，既不要过量，也不能缺乏。

2．脂肪

(1) 脂肪对人体的影响。脂肪是人体不可缺少的营养素之一，主要由脂肪酸构成，脂肪酸种类丰富，可分为饱和脂肪酸与不饱和脂肪酸。脂肪具有构成机体成分、促进脂溶性维生素的吸收利用、保护机体、供给热能、增加美味和饱腹感等营养功用。人体对于脂肪的需要量并不高，一般认为每天 50 克就能够达到机体的满足了。过多地摄入脂肪不仅会使机体体内代谢耗氧过多，而且是导致肥胖、高血脂和动脉硬化的主要原因之一。另外，高脂肪膳食还有可能引起高脂血症，使毛细血管内血液流动缓慢，红细胞的气体交换功能受影响等。因此，日常的膳食中应注意多食低脂肪食物，少食肥肉、奶油及花生等含脂肪多的食物。

学生参加健美操训练时，特别是进行相关的耐力性训练时，脂肪就成为能源供应的重要来源，需要消耗的脂肪要多一些，因此需要适当增加补充，每天可以摄取 60 克。但是应注意两方面：一方面，饮食中脂肪过多会引发肥胖、降低食欲、并影响对其他营养素的吸收；另一方面，脂肪必须在供氧充分的条件下才能被氧化，从而释放能量。脂肪氧化时耗氧多，在负有氧债时脂肪氧化受阻，不仅不能被有效利用，还会增加体内的酸性代谢产物，不利于运动的进行。因此，饮食中脂肪含量不宜过多。学生通过进行有氧健美操运动来消耗和减少脂肪是最科学的方法。

(2) 脂肪的主要食物来源。脂肪主要来源于两方面：来源于动物性食物，如猪油、牛油、羊油、鱼油、奶油、骨髓、蛋黄等；来源于植物性食物，如大豆、芝麻、花生、菜籽等。在常用的食物中，奶油、猪油的脂肪含量较高。

3．糖

(1) 糖对人体的影响。糖类也称碳水化合物，是中枢神经的主要能源物质，就分子结构而言，糖类主要分为单糖(如葡萄糖、果糖)、双糖(如麦芽糖、蔗糖)和多糖(如糖原、淀粉)等。糖类主要是维持中枢神经的技能及构成组织，为生命活动提供燃料，是人体能量的主要来源。

人在每日脏器活动和肢体活动所需的能量中，约有70%来源于糖类。糖类是维持中枢神经系统正常生理功能的重要物质。其中，葡萄糖是脑神经和肺组织必需的能源物质。

在健美操运动的训练过程中，糖的摄入量应根据训练需要合理安排。一方面，如果长期摄入糖类不足，就会影响大脑神经的生理代谢活动；还会引发中枢神经疲劳，导致思维能力、反应能力、灵敏素质下降；还会直接影响肌肉的收缩力，影响连续性运动的体能维持，导致机体的耐力下降；使蛋白质的营养过程受损；导致机体对维生素B族的吸收减少，进而引发代谢性疾病；导致机体的免疫力下降，最终使身体抵抗疾病的能力下降。另一方面，过多地摄入糖类有可能使糖在机体内部转化成脂肪储存，导致肥胖、糖尿病以及心血管疾病的发生，从而影响身体的健康。

需要注意的是，体质较弱的学生在进行健美操训练前可适当地吃一些糖，以节省体内的糖原和防止低血糖的产生，同时减轻和延迟疲劳的发生，从而提高训练效果。

(2) 糖的主要食物来源。糖的来源很广，各种食物都不同程度地含有糖，淀粉、谷类、根茎类食物的淀粉含量较高，是糖的主要来源。蔗糖是最普遍的食用糖。常见的简单碳水化合物主要有水果、果汁、蔗糖、糖浆、蜂蜜运动型饮料等；常见的复合碳水化合物主要有米饭、土豆、大豆、面包、麦片等。

4．维生素

(1) 维生素对人体的影响。维生素是维持人体生命和正常机能不可缺少的营养素。维生素种类很多，主要有维生素A、维生素B_1、维生素B_2、维生素C、维生素 D、维生素 E 等。人体对维生素的摄取必须适量，运动过程中，如果维生素供应量不足就会影响机体的功能，从而影响训练效果。但摄入过多，超过运动所需要的量就会引起维生素中毒。各类维生素在机体内的功能具体见表 2-1。

表 2-1 各类维生素在机体内的功能

维生素	机体内的功能
维生素 A	维持正常视力、保护眼睛、维持上皮组织功能。维生素 A 过多，出现头痛、脱发、黏膜干燥、骨骼畸形和肝损害
维生素 B 族	维生素 B_1 可以促进糖原在肝脏和肌肉中的聚集、辅助机体的糖代谢、促进肌肉运动，还能维持神经系统的功能、增强食欲；维生素 B_2 是体内酶的主要成分。维生素不足会使乳酸堆积增加，进而使有氧运动能力下降，如维生素 B_2 不足会引发口角炎、舌炎、皮炎等；叶酸不足使脱氧核糖核酸(DNA)复制能力下降，进而使肌肉的生长减慢，阻碍肌肉的发展；维生素 B_{12}、叶酸不足会影响机体的造血功能，导致贫血
维生素 C	促进机体氧化、改善组织的营养代谢、提高机体工作能力。如果缺乏，会使毛细血管壁脆性增加而出血(如牙龈出血)
维生素 D	可以促进钙的吸收，如果摄入过多，会引起肾结石、肝中毒，异位骨化

学生在进行健美操训练时，应注意早期维生素缺乏症的出现。早期维生素缺乏症表现为运动能力下降、容易疲劳、免疫力下降等，大大影响训练的效果。预防维生素缺乏的主要措施是平衡膳食、注意荤素结合，粗细粮混吃，忌不当节食、偏食。

(2) 维生素的主要食物来源。各种维生素主要存在于新鲜食物中，如蔬菜、水果、全麦制品、动物内脏等，菠菜、番茄、柚子、甘蓝、甜瓜、南瓜等含有丰富的维生素。

5．矿物质

(1) 矿物质对人体的影响。人体内矿物质元素种类很多，其中含量较多的有钙、镁、钾、钠、磷、硫、氯等，其他如铁、碘、氟、硒、锌等含量很少，称为“微量元素”。人体在物质代谢中每天都有一定的矿物质从各种途径排出体外，因而必须从食物中得到补充。矿物质在食物中分布很广，一般都能满足机体的需要，其中较易发生缺乏的是钙和铁。矿物质的功能见表 2-2。

表 2-2　各类矿物质的功能

钙	构成骨骼和牙齿的主要成分，可维持肌肉的正常兴奋性，帮助血液凝固。缺钙时肌肉容易痉挛。钙不足会使肌肉的兴奋性升高，容易出现肌肉痉挛(抽筋)，使肌肉收缩力下降。钙过多会干扰铁、锌的吸收，使人体缺铁、锌，容易引起肾结石病
铁	构成血红蛋白，缺乏则发生贫血。铁不足会影响造血，导致缺铁性贫血
磷	参与形成酶；与钙结合成磷酸钙构成骨和牙齿；帮助机体物质代谢，形成三磷酸腺苷和磷酸肌酸，供给肌肉收缩的能量；形成血中磷酸盐，维持酸碱平衡；与脂肪合成磷脂，构成神经系统
硒	具有抗氧化作用，是构成肌肉的组织成分，可以保护细胞膜的结构和功能免遭过氧化的损害；保护细胞内重要活性物质不受强氧化剂的破坏。参与体内多种代谢活动，对激活酶、参与细胞内呼吸有重要作用。缺硒会使心肌发生病变
钾	参与能量代谢；促进糖原合成；促进肌凝蛋白质的合成；调节细胞内外的水平衡；维持神经肌肉的应激性。钾缺乏时会导致神经传导减弱，反应迟钝
氯化钠	是合成胃酸的主要成分，可促进消化；有维持机体水平衡、渗透压和酸碱平衡的作用；可以增加神经肌肉的兴奋性。缺乏时肌肉软弱无力，容易疲劳；有调味作用，可增加食欲

(2) 矿物质的主要食物来源。含钙较多的食物主要是绿色蔬菜，如海带、菠菜、豆类及油菜、雪里红等。其中，菠菜含钙量较多，但因其含有较多的草酸，与钙结合成草酸钙，不易被人体吸收。

含铁较多的食物主要有动物肝脏、瘦肉、豆类、绿色蔬菜和粮食的外皮部分。其中，动物性食物中铁的吸收率较高。

含磷较多的食物主要有乳类、蛋、肉、豆类和绿色蔬菜等。

含钾较多的食物主要有水果和蔬菜，水果中钾的吸收率较多，易被机体吸收利用。

氯化钠的主要来源是食盐。

6．水

水是机体的重要成分，是“生命之源”。水虽然不像蛋白质、糖、脂肪那样直接为人体提供营养，但对生命运动来说是比一般营养素更重要的物质。如果没有水，人很快就会因脱水而死亡。水除了可以解渴而不会增加体重之外，还可以清洁、纯化身体，为物质在体内的消化、吸收、氧化、排序等提供适宜的水环境，还可以维持体温恒定、保持腺体的正常分泌。

水占人体总质量的40%～60%，肌肉中的水占其质量的72%，脂肪中的水占其质量的20%～25%。体内的水分必须保持衡定。学生在进行健美操训练出汗较多时，需水量会大量增加，能量消耗与需水量成正比，多消耗1千卡的热量就应增加1毫升的饮水量。

健美操属于有氧运动，在训练期间，要鼓励自己多喝水。而且为了达到健康的目的，应多喝白开水。

(二) 健美操训练膳食营养构成

营养价值高的食物应含有种类齐全、数量丰富、比例适宜的营养素。不同的食物，所含的营养素的种类、数量和比例等各不相同。

1．谷类

谷类食物包括大米、面粉、玉米、小米、荞麦和高粱等。正常的膳食中有60%～70%的热能和60%的蛋白质来自谷类，谷类食物还含有较多的B族维生素，同时也提供一定量的无机盐。谷类的营养成分构成会因种类、品种、生长地域、生长条件和加工方法的不同而不同。

谷类食物中营养素含量最多的是糖类，其主要成分是淀粉，平均含量约占糖类的90%，消化利用率很高；谷类食物中的蛋白质含量也很高，一般在7.5%～15%，尤其是燕麦和青稞中蛋白质的含量分别可达15%和13%，是膳食蛋白质的主要来源；谷类中脂肪含量一般都不高，约占2%；谷类含无机盐1.5%～5.5%，以谷皮和糊粉层含量最多，其中约一半为磷。谷类含钙量不高(每百克含 40～80

毫克)，铁更少(每百克含 1.5～3.0 毫克)，谷类中维生素的含量按多少依次为泛酸、烟酸、硫胺素和核黄素。在小米和黄玉米中含有少量胡萝卜素和维生素 E。

2．豆类

豆类品种很多，根据其营养成分，大致可分为大豆和杂豆两类，前者主要包括黄豆、黑豆和青豆；后者主要包括绿豆、豌豆、蚕豆、豇豆、赤小豆与芸豆等。豆类是重要的食物，它所提供的蛋白质和脂肪较谷类高出数倍。对学生在进行健美操训练期间增进营养具有重要意义。

豆类除含有丰富的蛋白质、脂类和糖类外，还含有丰富的矿物质与维生素，它的钙(每 100 克约含 370 毫克)、磷(每 100 约含 570 毫克)和铝(每 100 克约含 11 毫克)含量，均高于谷类食物；硫胺素、核黄素与烟酸的含量也较高，比谷类多数倍；豆类中还含有一定维生素 E 和胡萝卜素。

3．奶类

奶类食品营养丰富、食用价值高。动物奶类的成分尽管与人乳不同，但也是一种理想食物。

奶类食品中除了人体所必需的蛋白质、脂类和糖类外，也含有丰富的矿物质。例如，牛奶中的矿物质占 0.6%～0.7%，其中以钙(每 100 克含 100～120 毫克)、磷、钾含量较高，且利于人体吸收利用。牛奶的含铁量较低(每 100 克含 0.2～0.3 毫克)，且吸收也较差。另外，牛奶中含有丰富的维生素 A、胡萝卜素、维生素 B_1、维生素 B_2、维生素 B_6、维生素 C 和生物素等。

4．蛋类

日常膳食中常见的蛋类主要有鸡、鸭、鹅和鹌鹑蛋等，以鸡蛋为主。蛋分蛋清、蛋黄两个部分，它们的营养素组成有很大差异。蛋清约占全蛋的 2/3，主要成分是营养价值很高的蛋白质。蛋清还含有较多核黄素、抗生物素和抗胰蛋白酶。其中，抗生物素会妨碍生物素的吸收，抗胰蛋白酶可抑制蛋白酶活力，影响蛋白质的消化，但抗生物素和抗胰蛋白酶在蛋煮熟后均可被破坏。

蛋黄约占全蛋的1/3，蛋黄中除含有蛋白质外还有许多其他营养。例如，蛋黄中含有丰富的维生素A(每100克含300～350微克)、维生素D、维生素B_1、维生素B_2(每100克含0.3～0.5毫克)。此外，蛋黄中的脂肪含量约占蛋黄总质量的30%，其中大部分为中性脂肪，也含有较多的卵磷脂、胆固醇(每100克含400～600毫克)。

5．肉类

畜禽肉类主要包括家畜、家禽的肌肉、内脏及其制品；鱼肉类包括淡水、海水鱼类、虾、贝类等。畜禽肉与鱼类食品含有丰富的各种营养素。畜禽肉与鱼肉中糖类的含量极低，仅少量以糖原形式存在于肌肉(肌糖原)和肝脏(肝糖原)中；矿物质含量在0.6%～1.0%，主要有磷、钙、铁等。其中，肉类铁有40%左右是以血红素铁的形式存在，生物利用率高。鱼类矿物质含量较高于畜禽肉类，为1%～2%，其中小鱼、小虾、如虾皮中钙含量可高达2%，海产鱼类还含有丰富的碘。

二、健美操训练的卫生

(一) 皮肤卫生

学生在进行健美操训练前，应保持皮肤的通透性，最好不要化妆，尤其避免上彩妆，因为训练过程中会大量排汗，如果化妆，不仅会将彩妆糊成一片、有损美观，彩妆还会堵塞张开的毛孔，导致汗水无法顺利排出而引发粉刺。

学生在进行健美操训练后，应及时用适宜的温水沐浴，一方面可清洁皮肤、预防感冒，避免大量出汗后受凉；另一方面可以通过洗热水澡帮助肌肉放松，尽快消除疲劳。

(二) 装束卫生

(1) 在进行健美操训练之前，应摘除所有的饰物，以免在训练中丢失或对机体造成损伤。

(2) 在健美操训练过程中，最好不要让头发披散，以免头发遮挡视线分散注意力，造成运动损伤。

(3) 在运动服装的选择上，首先，要选择有弹性的服装，以便于动作的舒展，避免动作幅度受限；其次，最好选用纯棉面料的服装，此类服装有较好的吸汗性，不会造成训练中大量出汗引起毛孔堵塞等不良感觉；最后，尽量选择色泽鲜艳的服装，以调动练习者的表现力，增强动作的活力。

(4) 有条件的学生可以选择专门的有氧跳操鞋，如果条件不允许，也应尽可能选择大小合适、轻松柔软、具有一定弹性和通透性的鞋子。注意鞋身不宜太软，可采用半高筒式，固定脚踝；鞋跟要具备减震、吸震功能，以吸收地面的冲击力。切忌穿高跟鞋、厚底鞋、体操鞋参加健美操训练。

(5) 袜子的穿着应以纯棉为宜，要求大小合适，切忌穿尼龙或尼龙丝袜子参加健美操训练。

(三) 饮食卫生

学生参加健美操训练，必须注意训练前后的饮食卫生。一般在进食 1.5～2.5 小时后方可进行健美操训练，胃中食物充盈时，横膈膜上顶会影响呼吸，不利于运动。在训练期间，尽量少吃含脂肪、纤维素以及刺激性的食物。在饮食过程中避免病从口入。

(四) 环境卫生

(1) 自然优美的环境是进行健美操训练最理想的场所，它可以使练习者心情舒畅，提高训练效果。

(2) 健美操训练的场地不仅要考虑实用性、功能性，还要考虑安全性、舒适性。首先，健美操训练场地的地面材质以减震效果较好的木质材料的地板为宜，避免在水泥地面或其他较硬的地面上运动，而造成下肢关节和软组织的损伤；其次，健美操训练场地应足够宽敞，高度应不低于 2.7 米，以免在空间上造成练习者产生压迫感、使练习者呼吸不畅，影响训练效果。

(3) 健美操训练环境的光线应明亮、柔和、不炫目。

（五）经期卫生

月经是女子的正常生理现象。一般正常女子在月经期无任何特殊症状，但由于月经期间盆腔充血及子宫血流量增多，女性常常会感觉下腹坠胀，腰背酸沉，乳房及手足发胀，食欲不振，有轻度神经衰弱现象。所以，女学生在经期进行健美操训练应适当地采取一些特殊措施。

(1) 在经期的第一、二天，女学生应减小运动量及强度，且参加训练的时间不宜太长，以免造成月经失调。

(2) 女学生在经期不宜从事剧烈运动，在进行健美操训练时尽量避免练习震动强烈、增加腹压的动作。

第三章　健美操动作创编教学与解析

健美操是一项综合性很强的运动。成套健美操动作都是相关人员通过辛苦努力创编出来的，本章主要对健美操的创编进行深入研究与分析。

第一节　健美操创编的要素与依据

一、健美操创编的要素

所有成套的健美操动作都由一些基本的要素所构成。从构成动作的外部表现来看，包括完成的动作和伴奏的音乐；从成套动作存在的载体来看，主要包括空间和时间。健美操的创编是将所有因素通过动作展现出来，要求动作表现得热情、奔放、有活力；每个动作之间衔接巧妙、流畅；动作组合连贯、新颖；音乐选择有韵律、有节奏。健美操创编有以下几个要素。

（一）动作要素

动作形式包含动作的节奏、动作的起止路线、动作的力度。动作的多种运动形式之间存在着内在的统一。健美操的基本动作对动作的轮廓有界定，赋予动作外形和过程。动作形式间的相互转换以一种动作形式衍生出另一种动作形式，体现出起伏、流畅和协调，表现一种藏于身体内准备用动作形式表现的欲望。动作形式间的转换，以身体运动的连续表现出的美感和后继动作的节奏实现前后呼应，在情感与动作形式充分地融合后体现出美感。动作形式的表现方法有两种：一是把自己融入动作中，表现动作自身的精神实质；二是把自己融入动作中，对动作自身的精神实质加以体会，表现的是动作的过程，充分体现出健美操运动的精神风貌。

(二) 音乐要素

音乐伴奏是健美操运动中不可或缺的角色。它与动作相互配合，相互促进，形成一个完美的整体。音乐在健美操中不仅是一种节奏或音符，而且是非常重要的构成要素。一方面它对于动作的编排起着组织、串联的指导作用；另一方面对整体动作的气氛起到渲染和烘托的作用，抒发出情感，表现出风格，有助于练习者展现出个人的魅力。通过乐曲的渲染、烘托，动作变得更加生动活泼，更具有艺术表现和审美情趣。

(三) 空间要素

进行健美操运动的场地有很多种，比如室内的健身房、舞台，室外的操场、公园等，这决定了健美操会受空间条件的制约。如在健身房、公园进行的健身健美操和在舞台进行的表演健美操，在动作幅度和队形变化受场地限制。健美操动作的空间特征主要表现在表演者方向的确定，路线和空间层次的选择和应用，以及集体队形的变化等方面。

二、健美操创编的依据

(一) 依据练习者的基本特征

健美操是一项参与性较强的体育运动项目，具有老少皆宜的特点。所以在健身健美操的创编过程中要考虑到不同年龄群体的特征，对练习强度、感受能力、表现能力等方面区别对待，做到有的放矢，考虑到所有人群。在创编风格、技术难度、负荷大小等方面因人而异，这样锻炼才会收到效果。

1. 练习者的年龄特征

人有不同的年龄阶段，各阶段中的生理、心理具有显著差异，因此，健美操的创编也有很大的区别。

(1) 儿童少年。儿童少年含苞初开，处于最天真、最烂漫的时期，因此为他们创编突出活泼、向上的，动作力度、身体负荷不可太大。儿童健美操动作具有自然、轻松、欢快、易于模仿，可多一些活跃性、趣味性较强的动作，配以儿童喜欢的歌谣、音乐等作为伴奏，充分发挥少年儿童爱表现、爱模仿的特点，反映出小孩的天性。

(2) 青年人。青年人正值青春，是人生最美好的时光，他们体力充沛、精力旺盛、身体素质处于最好时期，可选择动作幅度大、速度快、力度强、富有韵律的动作，配以节奏强劲、动感十足的音乐，以突出青年的奔放与激情。

(3) 中老年人。中老年人处于人生的夕阳时期，适合进行简单、安全、舒展的动作，力量和速度都不可太强。既要突出稳重大方，又要让他们展现出活力，感到“越活越年轻”，对生活充满乐观，在音乐选择上注重更平缓的乐曲。

2. 练习者的性别特征

健美操向外界展示的是人体的力、美、健。因为人具有性格差异，因此美的表现方式完全不同。男性力量更足，在创编时要在选择和设计上着重表现男子的阳刚之气，表现出豪迈洒脱的动作造型。女性具有阴柔之美，女性的柔韧性、敏捷性更好，在编排上可多一些舒展、柔美的动作，多采用舞蹈性动作，展示女性矫健的身姿。

3. 练习者的身体状况特征

健美操的主要特征之一是健身性，发展人类的基本运动素质，创编健美操应该在安全的前提下，表现出健美操的健身性。因此，创编健美操应依据练习者的身体条件，充分考虑其自身的综合因素，根据练习者身体的协调性、灵活性、柔韧性、节奏感等能力，同时考虑练习者的身体健康状况特征，有针对性地创编负荷量合适、动作难度适宜的健美操，追求健身的实效性。

(二) 依据场地、设施的环境条件

健美操的创编除了考虑练习者个人情况外，还应该把健美操健身、比赛或表演的场地、设施等环境条件作为依据。健美操在室内、室外都能进行，一般来说，场地设施较好时，可以创编难度稍大些和较为复杂的健美操；而设施条件较差，

则需要降低健美操的难度，防止意外事故发生。另外，健美操的表演或比赛的人数没有太多限制，从几人到几百人，甚至上千人一起做。因此，随着人数多少的不同、场地设施的变化，健美操的创编要根据场地条件及时调整，使健美操的创编与场地、设施等环境条件达到最佳结合。

(三) 依据健美操基本技术的特点

健美操动作是以身体各关节的灵活性、肌肉的弹性、韧带的伸展性为基础，在身体各部位参与下进行的，严格意义上说是在身体标准姿态控制技术基础上的有节奏的弹动技术。健美操运动不断深入发展，健美操不断借鉴和吸收其他项目的优点，技术发展日渐成熟，越来越符合大众的健身需求。健美操运动的特点包括身体节律性弹性特点、身体姿态的控制性特点、身体的协调性特点，还派生出力度特点、重心移动等特点。健美操的创编要结合这些特点，使练习者在健美操的练习中遵循项目的技术特点进行练习，充分体会到健美操的魅力。

1．身体节律性弹动特点

健美操在运动过程中自始至终保持着明确的动作节奏感，体现在过程中的重心上、下起伏，动作节奏始终与音乐节奏吻合，通过髋、膝、踝的弹动完成动作。健美操动作的显著特征之一是弹性，包括身体各关节的屈伸和缓冲弹性，身体各部分肌肉的屈伸弹性，其比较重要的是身体各关节的屈伸。各个关节的正确屈伸有助于缓冲压力，放松神经，协调肌肉运动，避免动作僵化导致身体受到伤害。另外，身体各部位的弹性也使健美操动作表现出动感活力。健美操创编应该依据健美操的弹性特点，使练习者在练习中充分体验健美操动作的独特魅力。在动作过程中，重心上、下有节奏地起伏是动作流畅的前提。

2．身体姿态的控制性特点

在健美操运动过程中，无论动作怎样复杂多变，整个身体要求始终控制在标准健康位置。这里的身体标准姿态的控制技术包括身体重心的正确位置，身体各环节的正确位置，身体各关节的正确屈伸，身体各部分肌肉的正确收缩与放松。

正确的身体姿态的控制技术使练习者身体各部位协调运动，有助于练习者更加有效地锻炼，预防身体各关节屈伸过度、肌肉过于收缩或过于放松造成的伤害事故的发生，这就是健美操身体姿态的控制性特征。即便在长时间的复杂多变的步伐组合过程中或动作后，整个身体的标准姿态也不被破坏。通过对身体姿态的控制来体现动作的速度、幅度等，展现健身健美操的动作特点。体现健身健美操所特有的动作力度，并通过对身体姿态的控制来提高人体的体态美。健身健美操创编应该依据健美操身体姿态的控制技术特点。同时，优美的身体姿态会给人以美的享受，提高观赏性。因此，在健身健美操创编过程中，动作的创编应该充分考虑到身体姿态的控制技术特点，体现健身健美操的技术特点。

3．身体的协调性特点

一套完整的健美操动作基本涉及全身的运动，几乎各大小关节及大小肌肉群都要参加运动。动作越复杂，单位动作速度就越快，变化的过程就越流畅，对练习者的要求就越高。为此，要让肌肉保持紧张与松弛的结合，需要关节屈伸动作的节奏和谐配合。健美操动作很多都是所有关节的运动，很少是单关节的局部运动，不仅有对称性动作，而且还有许多非对称的或依次完成的动作。所有动作都要求肌肉、关节协调配合完成动作，体现身体的协调能力。

4．健美操的重心移动特点

健美操创编应该依据其动作的重心移动特点，要求身体重心移动平缓。在日常的练习中，如果重心移动幅度过大，速度过快，非但达不到锻炼效果，而且容易造成练习者出现关节、肌肉扭伤。因此，健美操创编应该注意健美操重心移动的特点。

第二节　健美操创编的原则分析

健美操成套动作的编排是一项复杂的工作，它涉及对象、目标、顺序、运动量与强度和艺术风格与难度等问题。不同类型的健美操既有共同遵循的规律又有各自的特点。

一、健美操创编的一般原则

（一）明确的目的性

把健美操创编成套，首先要明确创编的目的、任务。做操的目的有很多，有健身、矫形、减肥、保健等。有的健美操是为了培养身体姿态，有的是为了进行形体训练，有的是为了加强身体素质的发展，有的是为了健美，有的是为了预防颈椎病、肩周炎等某些疾病。根据这些不同的目的和任务，在创编上有不同要求。

（二）动作与音乐的统一性

音乐是健美操的灵魂，健美操如果没有好的音乐进行伴奏，那么就做不出健美操的节奏和韵律，体现不出美感。健美操的特点和风格是通过音乐的协调配合表现出来的，没有音乐是不行的。因此，动作的性质、节奏、风格以及练习者的情绪与音乐的旋律、风格必须融为一体，否则就显现不出艺术性。音乐节奏快慢与强弱、音调的优美和谐，能够关系到动作节奏的快慢、动作力度和幅度的大小、动作起伏及运动负荷的大小等。动作和音乐旋律协调一致，能够激发人练习的情趣，体验到愉悦，享受到运动的魅力，就能通过健身达到陶冶情操、调节情绪的目的。

在选择健美操的音乐上，一般有三种情况。

第一种情况是先确定配乐，再按照音乐的节奏、特点、风格、音乐的段落来设计健美操的动作。

第二种情况是先创编好动作，再请相关人员谱写乐曲。相关的谱曲者可以根据成套动作的节奏、风格和高低起伏来配制乐曲，以达到理想的效果。

第三种情况是先编好动作，根据编好的动作选择现有的乐曲，可能出现动作与音乐旋律不尽相符的状况，因此，根据乐曲把其中不和谐的动作进行改进，尽量使动作与乐曲和谐一致。选用已有的音乐一般需要拼接，在拼接过程中保持乐曲的完整性，不能不分段落地任意切割。

(三)动作设计的创造性

健美操动作内容丰富多彩，创造的素材和灵感源于生活。在生活中看到和想到的动作，通过精心的加工能创造出新颖的、优美的、符合时代特点的全新动作。健美操动作需要不断创新保持不竭的动力，保持旺盛的生命力。

动作设计上要体现出健美操的特点，将体操与舞蹈动作结合起来再创造。现代健美操的每节动作多是以组合的形式出现，重点突出某个主要部位的运动。另外，可以将现有的一些动作素材通过改变开始姿势、动作方向、幅度、速度、节奏、路线等方法以及结合具体对象，改编成动作合理的、实效性较强的、新颖的、优美的动作。成套动作中，每个动作的衔接上也要有创造，衔接要巧妙，给人以流畅、完整的感觉。

(四)动作设计的艺术性

健美操既是一项锻炼身体的运动，也是一种艺术表现形式。因此，在单个动作设计上，要细腻、大气，力求使体操动作艺术化、舞蹈化、体操化，可以吸收现代舞、民族舞的动作，结合健美操的特点进行再创造，使动作“活而不乱”“美而不花”，注意多方向、多角度、多层次地展开。整套动作的艺术处理上，要讲究抑、扬、顿、挫、起、承、转、合，注意动作的大小搭配、左右回旋、上下起伏和快慢交替。每个动作的连接不能太满也不能太快，要留有余地，给集体队形变化留出时间和空间。

二、健身健美操的创编原则

健美操动作的设计应优美、舒展、大方、健康、有活力，符合健美操的特点和练习者年龄的特点。只是把一些固有的动作进行串联是远远不够的，要注重健美操的本质与特点，在整套动作上的结构与时间、空间、运动方式、风格特点、音乐等因素有机结合。成套动作的运动类型与难度动作选择必须均衡，具体表现在以下两方面。

一是类别数量的均衡，即在动作中尽可能地把动作的类别及数量进行恰当地安排，应根据目前动作的发展及练习者的特性而定，不是安排的难度越大越好。

二是结构上均衡，对成套动作中所有动作的前后安排得均衡，不能让某个动作出现太多次数，要表现出动作类型、方向、空间的变化。

（一）鲜明的针对性

根据参与者年龄、性别、兴趣爱好、运动能力、身体情况的特征，以及发展或改善身体某部分的需要，编制各种形式的健身健美操，是为了达到参与者某种需求，这就是针对性原则。创编健身健美操时首先要进行认真的调查研究，针对参与者的心理和生理特点及时间、场地、器材条件和练习对象的要求，全面考虑多种影响因素。

（二）全面安全、无损伤

在健美操创编的过程中，选择的内容要使人体各部位的关节、肌肉、韧带得到全面的发展，改善内脏的功能，应包括头颈、上肢、下肢、躯干各部位的动作。头颈动作应有头颈的前后屈、左右侧屈、左右转动、绕及绕环等动作，上肢动作应有肩、肘、腕、指各部位的屈、伸、举，振、摆、绕与绕环等动作，下肢动作应有髋、膝、踝、趾各部位的屈、伸、举、摆、绕、转、踢等动作，躯干动作应有胸、腰各部位的前后屈、左右侧屈、左右转动、绕与绕环等动作。

另外，可以采取选择走、跑、跳、转体、波浪、造型等多种多样的动作，促使身体得到均衡、全面的锻炼，同时还要保证动作的安全性，避免出现损伤。

（三）合理安排动作顺序

健身健美操的编排结构可分为三部分。

1. 准备动作

活动远离心脏的部位。如以踏步开始准备动作，然后加深呼吸或进行头颈活动，之后再进入主体部位的活动。要求是动作柔和、速度缓慢，在一开始为整体动作打好基础，做好身体和精神上的准备。

2．基本动作

基本动作从头颈或上肢动作开始，再进行肩、胸、腰、髋和下肢等多关节部位的全身运动和跳跃运动。

3．结束动作

结束动作是整套动作的收尾，一般应选择一些幅度大、速度缓慢、轻松自然的整理四肢和躯干的练习，使身体和心率尽快恢复到运动前的状态。

一般每套健美操动作由若干大节构成，每一大节侧重发展某一部位的任务，通过不同角度去影响身体的某一个部位，使该部位得到充分、全面的锻炼。如编排体转运动时，可采用站立、半蹲、出髋及变换上肢做转体运动；编排肩部运动时，可采用提肩、前后摆肩、肩部前、后绕及绕环，配以不同的下肢动作，把肩部活动的每种做法组成一个小节，由若干小节构成一个大节。每套动作的节数和每节动作的重复次数，根据参与者的需求和特点未定，通常由 10～12 大节构成。

（四）合理安排运动负荷

编排健身健美操时，必须遵循人体的生理循环规律，运动负荷由小到大，心率变化由低到高，逐步、稳定地上升，体内代谢达到最高速率，之后速率开始降低，趋于稳定，直到运动结束。编排动作由易到难，速度由慢到快，强度由弱到强，循序渐进，当达到稳定负荷后持续一段时间，之后开始降低并逐渐减小，直到运动结束。

三、竞技健美操的创编原则

竞技健美操在我国是一种独立的体育竞赛项目，发展得日趋成熟与国际同步。竞技健美操的创编作为竞赛的先导环节，直接体现出运动员的竞技水平，直接关系到运动员的比赛成绩。在竞技健美操中，明确创编的指导思想、研究并遵循竞技健美操的创编原则是表现出竞争力、取得好成绩的因素之一。

（一）适应规则变化性原则

比赛规则是保证比赛公平的前提，所有参赛者都必须要遵守它。比赛规则某种程度上是衡量动作编排及完成情况的标尺，能够评判整套动作艺术、完成、难度等各个方面的优劣；规则在某种意义上又是指南针，为动作创编者和参赛运动员指明了道路。因此研究并执行规则不仅仅是教练和运动员的职责，同时也是创编者进行动作创编的依据和原则。

竞技健美操自诞生以来发展、起步较晚，且中外各地区发展速度不一。我国自 1987 年举行第一届“长城”杯健美操邀请赛开始，至今已举办了多次竞技健美操的赛事。从最初只进行规定动作比赛，到现在直接采用国际规则，发展变化之快是十分惊人的。目前，国际上具有影响力的健美操国际组织不止一家，其制定的规则也各具特色。

1998 年，健美操归属国组织——国际体操联合会在法国举行了第一届世界健美操锦标赛，这是第一次举办真正意义上的国际大型健美操赛事，此后该赛事每两年举办一届。

1994—1996 年，竞技健美操有了新的要求，创编套路的时间为 1 分 50 秒至 2 分 10 秒，并取消了其他国际组织通用的规定动作，即 4 次俯卧撑、4 次仰卧起坐、4 次大踢腿，取而代之的是两个 8 拍组合动作与 6 大类难度动作。两个规定组合是一组对称动作，另一组由 5 个基本步伐、3 个连接步伐的动作组合。6 大类难度为静力性力量、动力性力量、平衡、跳跃、踢腿、柔韧。

1997—2000 年，竞技健美操规则取消了对称及组合性动作，保留了 6 大类难度，发展为 7 个层次，对难度动作数量加以限制，一个成套中最多出现 16 个难度，以 12 个最高难度计分，除此之外对动作的连接、操化动作的运用、场地空间的运用、艺术性、创新与动作变化上也有详细的规定。

2001—2008 年，竞技健美操规则又把六类难度合并为四类难度。具体难度如下所示。

A 类：俯卧撑、倒地、旋腿与分切。

B 类：支撑与水平。

C 类：跳与跃。

D 类：柔韧与平衡。

此外，还规定难度动作数量限制为 12 个，允许两次腾空成俯撑动作，地上动作不得超过 6 次，取消艺术加分等。在比赛过程中，对于整套动作的评判是以规则来进行的，因此创编者在创编前首先必须明确的是要遵循规则、认真学习比赛规则，同时对规则中所规定的各项条款特定规则、补充规则的具体要求都能理解和掌握。全面了解规则和要求后，在编排上才会做到准确和严谨，才能在竞赛中取得成功。

(二) 提高竞技性原则

竞技健美操作为一项竞技体育运动，最终目的是要通过比赛区分优劣，比赛能够检验运动员日常训练的效果，优秀的成绩和表现源自运动员平常刻苦的训练和练习。如何表现出运动员的竞争力，是成套动作的创编上需要注意的一个问题。

国际体联健美操委员会主席约翰·艾特肯森在国际体联会议上指出："我们要严格维护健美操特色"。健美操在比赛中的特色在于身体姿态的控制技术基础上表现出有节奏、有韵律的弹动控制技术。这种技术的竞技特征表现为动作的难度与配合，动作形式的花样与连续性，身体负荷的高强度等。所有这些都是围绕着体现运动员的身体素质(即力量、耐力、速度、柔韧、灵敏、协调能力)、独特的吸引力(动作设计、动作表现及气质)、智慧(动作表现出的战略战术和不同层次)、心理素质(情绪和情感的表现)而进行比较的。对于这些所有的综合考量，直接反映出竞赛中运动员的竞技能力，因此在编排中体现竞技健美操的竞技能力是创编中另一个重要的指导思想，也就是我们所说的竞技性原则。

竞技性原则在竞技健美操编排中的运用主要表现在如何提高运动强度，具体原理是竞技健美操体现着运动员的竞技能力，要想在比赛中取得较好的成绩就要编排出高强度的动作内容，从而体现出运动员的竞技能力。想要理解竞技性原则，首先要理解决定竞技健美操强度的因素，具体有以下内容。

1．决定竞技健美操强度的因素

(1) 动作频率。单位时间内完成动作的数量，以高速度完成动作，展示出完成复杂、快速动作的能力。

(2) 动作速度。完成单个动作的时间快慢，展现出动作的力度。

(3) 动作幅度。运动员大幅度完成动作的能力。

(4) 耐力。在成套、没有间歇的动作中保持心血管系统运动强度的能力。

(5) 抵抗重力的运动能力。腾空高度、爆发力，尤其是连续完成空中动作的能力。

以上各因素能直接影响和决定着运动员的竞技能力。

2．竞技性原则下健美操的创编要求

在编排整套动作时，考虑上述因素的同时，也要按以下要求创编。

(1) 下肢步伐一直处于弹动状态，多采用高强度的步伐，如后踢腿跑，弹踢腿、开合跳等，也可采用这些步伐的变形步伐。

(2) 上肢动作在 1 个 8 拍中必须出现一次极限的上肢伸展，即出现一次垂直方向的最高点。

(3) 两只手臂都必须有相关动作，不能出现只活动一只手臂的动作。

(4) 在成套动作中，不能出现没有动作的停顿，即使两拍也不能停下来。

(5) 在成套动作中，必须出现至少 1 个 8 拍的动作节奏变化，也就是提高动作频率的编排。

(6) 把比赛场地分为相应的几块区域，在提高竞技健美操强度的编排中，增加区域移动的编排。

(7) 集体项目中，减少配合、托举动作前的准备动作。

(8) 增加身体运动的方向、面和转体。

需要注意的是，必须清楚竞技健美操要求运动员完美完成每一个动作，因此教练在编排过程中必须要了解运动员的能力水平，宁愿采用运动员可以掌握和完成的、难度稍低的动作，也不要贸然采用运动员没有熟练掌握的高强度动作。

(三) 针对性原则

1．针对运动员的特点创编

创编者要根据运动员的特点创编出不同风格的健美操。每个运动员之间都有差异，除了个体上的差异，还有运动能力、身体素质、技术、动作习惯等方面的差异。所以，教练员在创编中应充分掌握运动员的个体特性及各方面的情况，并充分挖掘每个人的潜力，考虑到每个人的特点去创编才会收到好的效果。例如有的运动员弹跳能力好，给其多安排一些跳跃性强，难度大的动作，令其充分展现优美的跳跃步伐、轻盈的空中姿态；对于柔韧性好的运动员，可以编排难度较大的劈叉、平衡、多方向的踢腿动作等，展示其舒展优美的肢体和矫健的身手；有的运动员力大无比，可以编排一些难度较高的俯卧撑、支撑等动作，表现出力量的刚劲之美。

2. 针对项目的特点创编

竞技健美操详细分类有男女单人操、混合双人操、三人操、六人操五个项目。单人项目不用考虑配合和队形的问题，其动作语汇的丰富独创和特定动作设计的难度是创编的核心。而集体性项目创编要强调一致性和整体性，讲究整个队伍的对称或均衡，同步与配合动作的巧妙组合以及整套动作造型的全景效果。

（四）整体性原则

竞技健美操也像健身健美操一样以全面整体健身为根本目的，但在其创编中所坚持的全面整体性与健身健美操的要求是不一样的，它不一定按照由远而近、自上而下的顺序全面整体设计身体各部位的运动，而主要是全面发展人体整体的力量、柔韧、灵敏、耐力等身体素质。因此，在创编过程中，教练员必须考虑到在编排中如何更好地展示运动员整体的身体素质。整体性原则的运用在创编过程中主要表现为对难度动作的选择。

整体性原则是指在成套动作中，各类难度动作能够达到一种最佳组合状态，处于一种和谐与平衡，不让某一类难度过分地集中出现。事实上，每一类难度动作都体现着人体不同的身体素质，在挑选难度动作时，也应该考虑所选择难度动作组别的均衡性，以体现运动员整体的身体素质，使成套动作的难度动作数量比值基本与四个组别的比值接近。

(五) 创新性原则

竞技健美操在竞争上越来越激烈，若想在群英荟萃的竞赛中脱颖而出，动作的新颖和独特是取胜的钥匙。在某种意义上来讲，创新是竞技健美操发展的生命，没有创新，竞技健美操的发展就会停滞不前。竞技健美操的创新可以从多方面着手，比如动作的创新、队列的创新、连接的创新、音乐的创新等，所有创新中，动作的创新是基础，应受到教练员与运动员的重视。

创新性原则在创编中的体现是其编排的独特性。在创编一套动作前，首先要理解规则，掌握好方向和尺度，这样才会把握住健美操的艺术魅力。具体做法是选择一个主题或主要内容，如读书和欢聚等，在整套动作上要突出主题，让动作表达出中心思想和整体效果。但值得注意的是，主题也不能过多地展现，因为要取得好成绩，每个动作还是要为竞技能力服务，两三个动作体现出主题即可，也可在成套中反复出现同一主题，采取不同的动作，但以不超过三次为宜，与此同时，要使主题与其他因素有机地结合，体现出独特性。

音乐优美完整及独特的节奏和风格是展现动作与艺术性的动力。音乐是一种优美的表现形式，它可以为创编者提供创造的源泉，让创编者产生灵感。恰如其分地运用这些表现手段，能够突出艺术效果，让动作富有生命。在创编中应对音乐的结构、节奏、旋律、配器等诸多因素进行分析，找出音乐和动作的结合点，特殊的音响效果会给动作增加效果。在音乐的选择上必须有利于体现竞技健美操的竞技能力。因此，动作的创编中不能忽略音乐的作用。

国际规则，关于艺术创造性有着“表演是与众不同的，独特的和非凡的”的表述，并在完全新颖的音乐和独特的动作时指出“当所有的因素被编排和融合一起时(动作设计表现力、音乐、配合)，才能形成一套与众不同的独特的和令人难忘的成套动作。动作设计、健美操组合的编排、过渡动作、不同的队形，这些都是新颖的、与众不同的、不可预见的。并且通过运动员的动作和表现与音乐风格完美地结合起来，再加入一些以前无人做过的具有特殊感觉的小动作细节。在一套动作中可体现一个主题”，“动作设计、音乐、表现和服装都与主题密切联系。

各种因素完善地结合在一起，便之具有独特的个性”。这三方面内容在创编中应有目的地综合使用，加大创新力度，成套动作才能不显得俗套，与众不同，受到好评。

（六）艺术性原则

竞技健美操是以人体动作作为表现形式的物质手段，也是一种通过表情表达思想的艺术，以具体的、可视化的形象高度显示出人的灵巧、力量、智慧，显示出人的支配和创造的能力，同时也表现了人的思想感情和精神风貌。竞技健美操比赛中，运动员的内在精神气质和外在动作表现的统一体现出艺术表现水平，运动员通过面部表情，融合音乐，更好地体现动作的艺术美感和动作意境，征服观众和评委，体现艺术表现力。运动员通过自身的表现力及自身的形体动作来展示竞技健美操项目的艺术表现美，因此，艺术表现美是健美操运动员自信能力的体现，展现出人类各种优秀素质。

具体来说，竞技健美操的艺术表现美体现在各种动作能轻松完成，自信能力强，动作舒展优美，有力度、有节奏，动作与音乐紧密结合，充分表现动作的美感，充分体现其动作内涵，音乐韵味和个人的性格特征，充分地展示美，征服观众和评委，真正给在场所有人留下深刻印象，让大家得到美的体验。竞技健美操作为一种艺术性的体育竞赛项目，其对其艺术性独特的要求使它的创编更加复杂，更应该遵循艺术性原则。创编时首先要注重整体结构设计的艺术性，整体结构设计合理才能产生悦人的节奏感和张弛有序、高潮迭起之美感。其次，要注意音乐选配的艺术性，与健美操的结构相吻合的音乐往往能起到推波助澜、锦上添花的作用。最后，要注重队形动作设计的艺术性，选择更能体现出艺术美、动作美的队形，这样才能使整套健美操的风格更加鲜明、统一。

第三节 健美操创编的方法研究

健美操要体现出活力、动力、趣味和出众的动作表现，并发扬创新精神。动作设计、健美操组合的编排、过渡动作、变化队形是创编健美操的基本过程。当动作设计、表现力、音乐、空间变化、队友配合等因素全部融合时，才能形成一套与众不同、独具特色的整套动作。

一、健美操创编的基本步骤

（一）编制总体方案

根据创编的目的、任务、要求，了解练习者或运动员的相关情况、练习时间、场地等条件。确定健美操的风格、类别、长度、速度；构建基本架构，设计操的结构顺序；安排运动高潮的时间。

（二）动作的选择与确定

根据操的风格、类别，按照创编原则选择与确定单个动作和组合动作。

（三）音乐的选配、制作与剪辑

在音乐的选择和制作上也是健美操创编的重要一环。音乐的节奏与速度严格地控制着动作的节奏与速度，很大程度上也控制了运动强度。就速度与节奏而言，当时间固定时，节奏与动作越复杂、越快，运动强度越大，反之越小。音乐对动作风格起到指导作用，其风格受时代的变化、民族、地域、环境、创编者等因素影响，音乐与动作充分协调后，音乐才能有力地支撑起动作。

（四）练习与修正

练习整套动作的过程中，应该对整套健美操结构顺序的合理性、表现的艺术性进行检验，根据练习者和观看者的整体评价进行反思和改进。

（五）汇编成图、文字说明、视频

文字说明要简洁而准确，图解根据实际情况绘成详图、简图。也可以采用摄像、照片的计算机处理，刻录到光盘并备份到移动硬盘、网盘中，妥善保存。

二、健美操的创编方法

（一）多向思维法

从多角度、多层面去思考问题，是健美操创编者要注意的。由于创造性思维需要产生不同寻常的思维结果，因此它要求人们从单向思维转向多向思维，在逆向、侧向、发散等思维辐射和转移中寻找到新的设想。对多向思维能力的培养，应注意对某一问题的思考要从全局出发，提出多种思路。当思维在某一处受阻时，要改变思维的走向，当久久思考找不到思路时，可以把注意力转向其他方向，寻求新的启示，当运用通常的方法解决不了问题时，可考虑交换事物的条件、目标等因素，从不同的途径去解决问题。

（二）联想创新法

人要善于把一个事物的思维联系到另一个事物或几个事物的思维。创造性思维的本质在于发现原来以为没有联系的两个或几个事物之间的联系。因此，联想思维可为创造性思维进行引导和铺垫。知识水平越高，联想的广度和深度越大，也越容易产生新的联想，如联想能与边缘学科的知识有机结合，就会出现新思维。联想创新需要灵感，灵感思维是指突如其来的对事物的本质或规律的顿悟与理解，以及使问题得到解决的瞬间思维形式。捕捉灵感的能力是指具有将瞬间即逝的灵感思维紧紧抓住，并加工创造出新的设想和思维。它是通过紧张深入思考的探索之后产生的思维成果，具有突发性和瞬时性特征。灵感思维的出现人们往往没有心理准备，很容易稍纵即逝。所以，要及时记录下灵感思维的内容，保持思维热线并适时向纵深扩大思维成果。灵感的产生与艰苦积极的思维活动，丰富的知识经验等因素有关。

（三）录像分析法

录像分析是一种借鉴思路的创编方法，一般从他人的套路中吸取其精华，对自己的成套动作起到启发作用。运用录像分析法时，主要关注以下几方面。

1. 成套结构

成套结构是指在参看比赛套路时主要参看成套动作与音乐结构的关系，即音乐段落与动作段落、音乐情绪与成套情绪以及音乐高潮与动作高潮是否能有机结合。

2. 难度分配

难度分配是指在参看套路和动作时主要参看成套动作中难度动作的分配规律。首先，是难度分值的分配；其次，是难度动作组别动作的选择；再次，要观看难度动作在成套动作中的位置。

3. 基本操化动作的连接

基本操化动作的连接是指在观看动作录像时，主要参看成套动作中基本操化动作的连接编排，仔细查看动作的连接处，一个动作的结束与下一个动作的开始是如何衔接的。

4. 过渡与连接动作的编排

过渡与连接动作的编排是指在参看比赛套路时主要参看过渡与连接动作的选择。新颖的连接动作会给人留下深的印象，同时烘托成套动作的主题表现。参考其他优秀的过渡与连接动作的编排会给自己提示和启发，使之能运用于自己成套动作的创编。

5. 托举与配合的创意

托举与配合的创意是指在参看比赛套路时主要参看成套动作中过渡与连接的特点，参看动作如何更好体现出音乐的风格。成套动作中托举与配合动作是最能体现成套构思、音乐主题的关键，因此托举与配合动作的创意对成套动作的创编有非常重要的启发作用。

(四) 三维动画辅助法

用电脑三维动画技术可以辅助教练员创编出高质量高难度的动作，辅助运动员加快完成动作的定型，对创编动作在训练中和比赛中出现的问题进行及时的目标反馈、重构和完善，减少了运动员在练习过程中的损耗，节省了时间。

然而在实际的健美操训练中，创编动作的过程仅仅是在教练员和运动员的大脑中和身体上试验完成。运动员尝试练习动作时，始终存在着主观与客观的因素，这直接影响了练习效果。这些因素的影响使教练员和运动员感到缺乏一个能够清晰、稳定、完整、快速的创编和演示动作的辅助工具，对动作进行定量化和形象化的理解。利用电脑三维动画技术创建出一个完成的动态模型，创建出虚拟的动作，进行试探、分析、评价、反馈、修改和确定等工作，可以减少创编环节中的消极因素，提高创编的效率和质量。运用电脑三维动画技术辅助创编是一个新思路和新方法，值得尝试。

创编动作是针对新的动作技术和新的比赛规则进行的，能够更加准确和细致地理解动作类型、等级、趋势和比赛规则，对运动员的比赛成绩来说是至关重要的。例如用电脑动画技术辅助解释比赛规则，就可以加快运动员对规则的理解。

绝大多数创编动作都是教练员、运动员根据原有动作的基础改进而来的。由于“电脑数字编辑”能够复制和拼接，方便教练员和运动员从现有动作创造出另一个新的动作。通过该方法，使动作的形象性、经验性更趋向于动作的专业性、多样性。所以，电脑动画有助于在原有动作的基础上方便地设计出变通的动作调整方案。

（五）基本组合法

基本组合法是指按照健美操动作编排原则和方法，将两个或两个以上独立的技术动作通过巧妙的结合或重组，形成新的技术动作和成套组合动作。健美操的动作组合既可以是同一类型动作变化为多个不同特色风格的动作，也可以是不同类型多个单独动作进行适当重组，最后完成成套动作的编排。

健美操动作创新组合不是简单的动作技术堆积，更不是七拼八凑，而是要形成形式多样、技术独特、动作新颖、结构合理并与音乐相辅相成的新的动作组合，这对教练员组合创新思维能力提出了更高的要求。

第四章　健美操服装的搭配与音乐的选取

健美操的动作在音乐的伴奏和服装的衬托下，更具有生命力与艺术性。可以说为健美操插上翅膀，使健美操扩大了表现空间。

音乐有调控脑细胞兴奋的作用，因此，在音乐伴奏下进行锻炼可以延缓疲劳现象的出现，同时音乐的节律同样可以影响人的情绪，欢愉、明快的音乐可以更快地调动人的兴奋性。

第一节　健美操运动对服装的要求

健美操服装在服装分类中属运动装范畴，其主要形式为紧身连体。规则要求运动员的着装必须符合竞技健美操项目所描述的运动着装。戏剧、歌剧和马戏的服装被禁止采用。

一、健美操比赛对运动员外表与服装的要求

(一) 对运动员外表的要求

运动员外表给人的总体印象应当是运动适宜的。

(1) 头发必须固定在头上。

(2) 参赛运动员必须穿着能够让所有裁判都能清晰辨认的白色健美操鞋和运动袜。

(3) 身体禁止涂抹油彩，女运动员可以化淡妆。

(4) 服装上禁止使用松散或附加的装饰物。

(5) 允许使用肉色的绷带。

(6) 禁止佩戴首饰。

(二) 对服装的要求

(1) 正确的健美操着装不含有任何的透明材料并且不得露出内衣。

(2) 女装可有或可无长袖，袖口止于腕处。

(3) 禁止穿有描绘战争、暴力、宗教信仰为主题的服装。

女装：①运动员着一套带有肉色或透明裤袜的比赛服，不允许穿上部躯干分离的(两件套)服装或上部与躯干仅用绳带连接的服装；②前后领口的开口必须得体；前面不得低于胸骨中部，后面不得低于肩胛骨下缘；③腿部上缘的开口必须在腰部以下并遮住髂骨；④比赛服必须完全遮住臀纹线。

男装：①运动员必须着一件套连衣裤或背心、短裤及合体的内衣；②背心的前后不得有开口；③袖口处不得有开口。

健美操服装具有很强的审美性和装饰性，故在设计上强调艺术性及视觉新颖感。教练员不能凭自己的感觉选择服装和色彩，要严格按照竞赛规则和要求，否则，更不能照搬某些国外的设计和色彩，这些服装穿在中国运动员身上并不一定合适，追求个性美和民族化是我们义不容辞的责任。由于服装的款式受规则限制，如何在色彩上追求亮丽，在图案上追求别样显得尤为重要。

二、健美操服装色彩的设计

服装色彩设计是针对特定的设计对象及着装的时间、场合、目的等因素，结合具体的服装材料，将色彩合理配置的过程。服装设计的关键是达到部分和整体的和谐，通过对色彩的选择、搭配而达到完美的视觉效果。服装色彩设计不但需要对单独的颜色理解和认识，还需要考虑到服装穿着的主体，周围环境等因素，这样才能产生与环境协调的色彩美。

竞技健美操服装色彩的设计应该结合服装色彩的基本美学原理和自身的特点。

(一) 色彩的调和

色彩的调和包括色彩性格的调和和色彩面积的调和。一般来说，色彩性格相近的颜色比较容易调和。例如，强烈的红色、黑色、白色相搭配，可以产生鲜明夺目的效果。色彩面积的比例关系直接影响到配色的调和。当面积相等的两块颜色相搭配会产生离心效果，感到不调和。如面积 1∶1 的红、绿两块互补色就会有分离的感觉，而面积比为 1∶3 的同样两块颜色，就会有从属的感觉可以融合在一起。在实际的色彩搭配中，通常使色彩的面积比例达到 2∶3、3∶5、5∶8 依次对比，产生调和美。

（二）色彩的强调与点缀

色彩的强调与点缀是指在服装色彩搭配过程中突出某部分的颜色，以弥补整体色彩过于平淡的感觉，将观察者的视线引到某个重点部位，从而起到色彩的强调的作用。特别是由于 2005—2008 年竞技健美操规则的改变，服装上禁止使用松散或附加的饰物，使得色彩的强调和点缀在竞技健美操服装的设计上色彩显得尤为重要。色彩的强调一般可以通过色彩的性质、色彩的面积等来表现。例如，强调色应该用比其他色调更为强烈的颜色以达到突出重点的目的，强调色的面积应该小一些，这样更容易形成视觉中心，强调色应安排在服装的重要部位或视觉中心部位，如人体的肩部、胸部和腰部等。

（三）色调对比与谐调

色调是构成色彩整体倾向的组合。色调的形成同色相、明度、纯度、色性等多方面的因素有关。以色相为主就会形成紫色调、蓝色调、红色调、黄色调和绿色调等；以明度为主就会形成亮色调、中性色调和暗色调；以纯度为主就会形成鲜亮色调和浊色调；以色性为主就会形成暖色调和冷色调等。在竞技健美操比赛服装的色彩设计中往往要求对比谐调统一，通过色相、明度、纯度的对比在视觉上形成张力，给人一种强烈、清晰的美感。通过谐调使多种变化或构成强烈对比的各种要素趋向缓和，在外观上呈现和谐的艺术效果。例如，蓝色与蓝紫色通过色相的渐变过渡来谐调，红色和黄色通过色性来谐调等。

（四）色彩的选择突出民族的风格

2005 年在德国举行的世界运动会上，中国代表队的服装就采用了具有民族风格的红和黄两种颜色，特别是集体六人项目中，中国选手选用的是黄色调配以红色龙形的图案，给人眼前一亮的感觉。

（五）与音乐主题选择的关联性

竞技健美操的成套动作是在音乐的伴奏下完成的，可以说音乐是健美操的灵魂，因此音乐在健美操的整体设计中也是需要考虑的一个因素。例如，2002 年在立陶宛举行的第七届世界健美操锦标赛上，中国女子单人竞技健美操的音乐是《浪漫樱花》，服装的整体颜色也选用的是粉红色。

（六）与比赛场地周围环境色彩的协调

比赛场地周围的环境包括场地的色彩、灯光的色彩等。竞技健美操比赛是在面积为(7×7)平方米的单人场地和(10×10)平方米的混双、三人和集体六人场地上进行的，为突出服装主色彩的原则，一般场地以浅色为主，为了突出运动员，应忌讳选择与场地同样明度的服装色彩。同时由于服装表面可以显示出反射性的特征，因此在服装色彩设计中应考虑灯光的影响；如在白炽灯下，服装色彩偏暖；在荧光灯下，服装色彩偏冷。此外，选用一些闪光面料，在灯光的反射下，会取得特殊的艺术效果和视觉美感。

（七）与肤色、发色的色彩协调

人的肤色有黄、白、黑、棕色等，竞技健美操服装配色在运用上与肤色是有很大关联的，黄皮肤的中国人较西方人，在服装配色上有更大难度，一般用红、黄、黑、白做主色可取得较好的配色效果，忌用绿、紫等做主色。同样，一些西方体操服的样式和色彩由中国人来穿效果并不好。在发色上，东西方差异同样很大，东方人以黑发为主。西方人发色丰富，以米色、金黄、棕色等为主。在服装配包与头发色彩之中，应多考虑黑色这一因素，这也是中国人在服装色彩中常用黑色、红色、黄色可取得较好效果的主要原因。

（八）与项目的特点吻合

竞技健美操不同于其他的技能类的项目，如艺术体操、花样游泳等，它在双人、混合三人和集体六人三个项目中是可以男女搭配的，这样就要求竞技健美操的服装在协调统一的基础上既能表现出男性的粗犷刚健，又能表现出女性的轻灵柔巧。因此，在服装的色彩设计上不必强调统一，可以利用黑白、红黑等进行对比，但是同时还要考虑色彩的关联性，使颜色之间形成一种“你中有我，我中有你”的关系，这种异中求同的设计，往往能取得意想不到的效果。

由于色彩给人以极强的视觉冲击力，竞技健美操服装的色彩美能很好地感染在场的观众和裁判员，是获得成功的重要因素之一。根据中国人的肤色特征和比赛环境来设计健美操服装的色彩，使我国竞技健美操集色彩美、动作美、音乐美为一体，将是我国竞技健美操向前发展的过程中不容忽视的一个问题。

第二节　音乐与健美操间的相互关系

健美操音乐是指为了配合健美操的练习而选用的专用乐曲，多取材于迪斯科、爵士乐、摇滚乐等现代音乐或民族乐曲。因此，它必须以健美操动作为依据，经过专业的选择、剪接、调速制作而成。

健美操音乐是健美操运动及成套动作不可缺少的重要组成部分，是服务于健美操动作的功能性音乐。用音乐烘托健美操的气氛，表现健美操的特点，二者紧密结合，使健美操有声有色，更增强了健美操的感染力。和谐优美、节奏感强的音乐与动作，能增加健美操的表演效果，使人得到健与美的享受。

一、对健美操音乐文化的审视

（一）健美操音乐文化的概念

任何文化的发展都不是一成不变的，皆具有一定的时代特点和差异。而文化是一种广义的运用符号，是通过在后天环境中学习，不断积累经验，从低级到高级逐渐创造的过程。动物没有符号，只对信号做出条件反射，而人具有将信号改成符号的特征，文化是多重符号的集成。可以说，人生活在千奇百怪的符号里。而纵观人类文明史，许多的爱好只能形成一点习惯，许多的习惯才能组成一点文化。

健美操音乐作为一种符号被人们传承记住并使用已然成为一种时尚的文化，而时尚文化发展都不是一成不变的，皆具有一定的时代特征和差异。人类的绝大部分文化形成通过大量的冲击、交流、融合，使之在各民族之间相互沟通，其中优秀文化极易被理解采纳消化和吸收，而最终成为全人类共同拥有的文化财富。健美操音乐文化的功能一般是指音乐文化对人类社会、体育生活及健美操的发展，人类个性发展所起到的作用，使体育文化本质的展现与文化的功能密切相关。

(二) 健美操音乐文化的特点

具有强烈的代表性和时代共鸣性。健美操音乐中反映着时代的物理元素，浓郁的时代气息将还原时代背景。20 世纪 90 年代初期音乐以单调的迪斯科、爵士乐、摇滚乐为主，反映了当时中国社会对健美操普遍的单纯思维结构。2000 年以后的健美操音乐则更多以节奏鲜明的 DJ 和电子音乐为主，突出科技时代的特征，而近年来音乐的使用注重原创音乐。因此，不难发现健美操的音乐特点：强劲有力的节奏感以及瞬息万变的器乐元素，迸发出豪放热情，突出时代的科技含义。

二、健美操音乐的作用与特点

(一) 健美操音乐的作用

音乐是健美操的灵魂。健美操动作的力度、激情、表现力等都是在接受音乐的刺激之后产生的。旋律优美、节奏感强的音乐，有助于学生牢固地记忆动作顺序和掌握动作，而欢快、热烈、富有节奏的音乐，能有效地激发学生的积极性和热情，使学生闻声自娱、做而入境、欲动不止。

音乐是表达思想感情的一种艺术。健美操的音乐是服务于健美操动作的功能性音乐，用音乐烘托健美操的气氛，表现健美操的特点，二者紧密结合，使健美操有声有色，增强了健美操的感染力。和谐优美、节奏感强的音乐与动作，能增加健美操的表演效果，使人得到健与美的享受。

音乐是“心灵的体操”。优美动人的音乐可以提高学生的乐感、美感及表现力，丰富学生的想象力和创造力，从而达到增进健康、培养正确体态、塑造美的形态、陶冶美的情操的目的。

健美操是在音乐伴奏下进行的身体练习。音乐使健美操动作充满青春活力，人们在欢乐的气氛中进行锻炼，心情愉快，不易疲劳，还可以排除精神紧张，既得到美的享受，又提高了协调性、节奏感、韵律感和自我表现能力。

(二) 健美操音乐的特点

健美操与舞蹈、艺术体操相比更强调动作的力度，因此，它的音乐更趋于节奏鲜明强劲，旋律悦耳动听，热情奔放。健美操音乐多取材于迪斯科、爵士乐、摇滚乐等现代音乐和具有上述特点的民族乐曲，可以更加体现出一种鲜明的现代韵律感。

成套健美操的音乐讲究韵律感的变化要此起彼伏，节奏有强有弱，有快有慢，有抒情、有奔放。好的音乐能给人以感染，能给健美操起到锦上添花的作用。

健美操音乐是为了配合健美操的练习而选用的，因此它必须以健美操动作为依据。健美操动作是一种对身体具有特殊功效的练习，它具有自身的动作节奏，要求有一定的力度。动作幅度有小有大，动作有慢有快，动作姿态不仅优美还要具有一定力度，动作连贯、无间歇，如行如流水，一气呵成。因此，要达到充分发挥其效用的效果，除按要求完成动作之外，还必须配合相应的音乐，其音乐的特点应体现出以下几方面。

1. 音乐节奏鲜明强劲、清晰有力

音乐节奏的快慢和强弱、音调的优美和谐，关系到动作的快慢，动作的力度、幅度的大小、动作的高低起伏及运动负荷的大小等。

音乐是健美操练习的口令，是动作的节拍。在乐曲中周期性出现的节奏系列，包括 2 拍、3 拍或复合成 4～8 拍等，其中一拍为强，余为次强或弱。强拍和弱拍反复出现而形成有规律的、强弱更替的、富有感情色彩的旋律表现。因此，健美操的动作节奏与音乐的节奏必须相吻合才能协调一致。音乐节奏清晰能使学生轻松地分辨强、弱的节拍交替，使动作的力度强烈地反映出来。

2．音乐旋律优美、热情奔放、健康向上

健美操音乐不仅是完成动作的节奏和节拍，而且还应具有欣赏价值，陶冶美的情操，提高美的欣赏能力的作用。因此，它的旋律应是轻快、优美或浑厚、沉稳、热情奔放的，而绝不应是哀怨、消沉、伤感的颓废之音。

音乐曲调的健康、活泼能振奋精神，消除身心紧张和疲劳；能提高练习的效果和欣赏价值；更能激发学生的情绪，获得心理和生理上的平衡。

3．音乐韵律此起彼伏、颇具感染力

音乐的旋律能使健美操练习更具有感染力，动作和音乐旋律协调一致，就会激发学生的情绪，能给学生带来愉快的感受，可以延缓疲劳的出现，达到健身和陶冶情操的目的。据测定，当音乐速度达到每分钟 138～180 拍时就能形成一种明快而强烈的跳跃性节奏，具有催人起舞的巨大吸引力，使健美操动作的韵律感、节奏感反映更加强烈，进而感染的效果也随之加强；学生随着音乐的旋律进入意境，此时一切烦恼皆可忘却；旁观者身心感染，跃跃欲试，情不自禁。

三、健美操音乐的基本要求

音乐是健美操区别于其他运动形式的一个主要方面。正是由于健美操中含有音乐的元素，才使其在运动之外展现出了强烈的艺术之美。

音乐赋予了健美操艺术的灵性。健美操中的动作节奏、力度，以及人们在练习健美操时所怀有的激情和表现力很大一部分都是来自于音乐。音乐能否激发人们的热情，能否表现出健美操潜在的韵律是至关重要的。正因如此，健美操对于音乐有着严格的选择性。

健美操的音乐是服务于健美操动作的功能性音乐。富于表现力的音乐不仅能激发学生操练的热情，使其在短时间内便可沉浸到锻炼的境界中，同时还有助于他们牢固地记忆动作顺序，把握动作要领，起到提示和引导的作用，这些都体现出了健美操音乐的功能性。

此外，音乐还是一种思想和情绪的表达方式。好的健美操音乐，能够与肢体

语言融为一体，两者之间和谐自然，传递出一致的情感内涵，从而增加健美操的表演效果，加强艺术感染力。

选择健美操音乐时，要使音乐风格与健美操动作风格相吻合，这样才能使音乐更好地服务于健美操。对于自娱自乐的大众健美操，在音乐使用上可以选择人们耳熟能详，并具有一定民族特色的音乐。对于以年轻人为演出主体的健美操，可以着意选择一些突出时代特征的音乐，这类音乐在力度、节奏、情感表达等方面，更适合年轻人的口味，也更能与健美操整体风格相贴近。如果是针对竞技类的健美操，则需要考虑运动员的特点，以便在音乐中突出个性特征。同时音乐还需要与健美操的特点相符合，并能突出健美操健、力、美的特征，在旋律上要做到节奏鲜明，富于变化，使音乐的衬托作用充分发挥。对于音乐速度的把握，也是选择音乐的一个重要方面，通常情况下，健美操音乐速度是以 10 秒为单位作为设计动作速度的标准，健美操音乐分为慢、中、快三个速度标准。大众健美操一般都选用中速音乐，这种速度所带来的锻炼强度和力度，是可以被大多数人接受的，能够起到良好的健身作用。

四、健美操与音乐的内在联系

（一）身体形态与自信心

自信心是舞台表现的精神支柱，对健美操的动作具有强化和渗透的作用。自信心的提高，在身体形态上表现为面部表情富有自信、目光中充满自信、动作准确的自信等，而不同身体形态条件的学生，有着不同程度的自信心。比如说，身体形态更好的学生更乐于表现自己，反之，身体形态稍差的学生则缺乏表现自我的信心和勇气。富有激情的音乐能给学生增添信心和勇气，从而把动作表现得更到位，表演效果和质量随之提高，同时音乐的感染力也会随着学生信心的提升而体现，二者相得益彰、相辅相成。

（二）动作力度与空间位置感

力与美的结合是健美操动作表现的突出特点。无力不为健，力道过于刚劲则不美，只有在不断变化的动作中，适时、适度地展示力量，才能感到健美。学生对动作力度的驾驭建立在动作空间位置感基础之上，把握最佳表现的空间位置，也是衡量其健美操艺术表现力的重要标准。健美操一般是在群体的配合下进行的，同伴在动作表现时，肢体动作不是处在相对固定的位置上，而是在一定范围空间内活动。这要求学生能把握动作节奏，并使动作节奏符合力量美的特殊要求。音乐节奏与健美操动作节奏有着密不可分的关联，节奏感强的音乐旋律能引领健美操动作节奏准确、到位，而富有节奏的力量美更能映衬出音乐在节奏和旋律上的美感。

（三）个性特点与感染力

健美操中的感染力一般是指人的表现力对观众、同伴产生良好共鸣效应的能力。它具体表现在面部、目光接触、身体语言等多方面的效果和方法要求，比如神态、神韵以及展现出的活力等。每个人的感染力也有明显的差异，因人而异选择音乐伴奏可以提高音乐对表现力的感染效果，而富有个性的表现力又能进一步促使人们对音乐的理解，提高艺术欣赏能力。

（四）悟性和审美能力

悟性即健美操意识，是经过系统的教学与训练后，学生对动作表现具有的一种内在的、深层次的感悟，也是对整体认知的综合效应。经过一段时间的学习后，悟性高的学生就学会了触类旁通，举一反三。悟性强者不但学习进程快，而且能够增加动作表现力，情感表达深刻。

审美能力即人审视美的素养。健美操审美能力具体指学生对运动中的姿态、速度、力度的规范把握和对音乐的鉴赏力，这对健美操的动作表现起到支撑作用。悟性和审美能力内涵不同，但相互依存，而且都与音乐紧密联系。如当表演者在进行健美操表演时遇到突发障碍，当听到某些旋律时往往可以让人茅塞顿开，促进动作的完成，增强表现力。同时由于音乐能使人产生美的情感和联想，使表演者的姿态、速度、力度更加规范，反过来促进学生悟性和审美能力的提升。

五、音乐与健美操的相互影响

（一）音乐与动作造型的搭配促进整体表现

早在公元前，古希腊哲学家毕达哥拉斯提出了以朴素唯物论为基础的美学思想，把艺术的造型和音乐的旋律归结为“形”和“声”两大要素，突出强调造型和音乐必须按数的比例和谐搭配的关系。健美操在动作造型上强调力量美与形体美相统一，并在统一和谐的同时，烘托出独有的力量美。按照健美操发展力量的要求，应采用强弱对比明显、速度较快的旋律。大众健美操的速度一般为 22～26／10 秒拍，而竞技健美操要求速度达到 24～30／10 秒拍。

大量实践证明，健美操的造型通过节奏感强的舞曲伴奏下才具有活力。要说明的是，健美操造型与舞蹈和艺术体操等项目造型有明显不同之处，健美操动作表现为挺拔、高立的形态美与雄健、娇美的艺术美，即从一种姿态换到另一种姿态，必须形成规范的直线或是曲线的动作路线造型，变换上既要有节奏感，又要求准确地把握与展现动作力度。所以说健美操音乐的选择上其实是有很多讲究的，在音乐与造型的搭配上，那些流行歌曲是不太适合的，它们在速度、节奏、情感、色彩、力度对比等方面上并不适合健美操的特色，“形”与“声”按数的比例不搭配。

（二）音乐的心灵语言作用提高动作的表现力

音乐是心灵的语言，是人类情感表达的一种艺术，它通过塑造艺术形象，表达出人们的思想和情感。健美操音乐更以其特有的节奏感烘托运动背景，促进表现力，体现在以下几方面。

(1) 选择适宜的音乐进行健美操练习，能够加快学习速率，增强学习效果。原因在于适宜的音乐伴奏可以唤醒大脑皮层，使其兴奋性处于最佳的状态，进而提高神经系统的整合功能，让人的注意力和记忆力都得到提高。

(2) 选择适宜的音乐进行健美操练习，能够放松身心，感到轻松和愉快，并从中感受到美感。音乐能使人产生想象和联想，最终实现共鸣，这一系列的心理活动能够激发创造灵感，加速对动作表现内在联系的理解，促进动作表现力。

(3) 根据音乐创编动作，可以达到音乐形象与动作形象完美统一。在实践中，从激情的音乐人手，聆听音乐，感受、分析和理解音乐，容易激发学生和创编者的创作灵感。如采取先定音乐，后定动作的教学方式，可以用于对健美操特殊风格的技术处理，以选用的音乐旋律作为条件刺激，用相应的动作造型不断给予强化，力求做到“声”中有“形”，“形”中有“声”，声形一体，相互结合，使表现力的境界得到升华，表现出健美操运动的魅力。

(三) 音乐感染力促进运动技能的形成

动作在形成的过程中体现着普遍的规律。运动生理学的研究表明，运动技能形成的最高级阶段是自动化阶段。比如人的走路、跑步、骑自行车等达到了这个阶段，动作只要求大脑皮层较低级的部位就能控制住，而大脑皮层较高级的部位就不会得到运用，转向对其他部位的调控。学生因身体条件、技术基础、个性特点、心理因素、教学环境等多方面的影响，在统一的健美操教学中，其对动作学习的掌握程度是不一样的，达到的技术水平也参差不齐。技术水平制约着表现力，技术熟练的学生有着优秀的表现；而技术不够熟练的学生则表现力欠佳。因此，对于需要提高表现力的学生，一是注意提高他们的运动技能，即先在技能水平上下工夫，而表现力的到位则不可急于求成，否则欲速则不达；二是在促进运动技能形成的过程中，根据个体差异，采用单独指导的教学方法；三是配合表象训练法，加深对音乐的印象，促进表现力的提高。选用风格不同的音乐，配合相应的训练，在不同环节中开展。例如为了纠正不协调和错误的动作，可选用舒展、缓慢的旋律伴奏；若为了表现动作的刚健有力，可采用节奏明快、有力的旋律，加大强弱拍反差对比。在表象训练法中，要努力使音乐与动作要素融合在一起，加快正确的动作定型。

(四) 审美教育提高音乐素养

具有一定音乐素养的学生往往能较好地根据健美操音乐的特点，把握动作的结构、幅度、力度，建立正确的动力定型，善于理解不同音乐表达出的不同情感，把其渗透在动作表现中，使“声”带“形”，“形”传“声”，丰富人的视觉和听觉效果，从而产生音乐与表现力互动的最佳效应。为此，要增强学生的动作表现力，首先要加强审美教育，提高他们的音乐素养；其次要在教学与训练中，适时地讲解健美操音乐作品的风格、特点，让学生正确把握音乐的节奏，并与动作相配合，突出整体的艺术效果，让音乐随之升华，又能使动作的表现力大幅度提高；既可提高健美操的健身、健心的锻炼功能，又可充分展示健美操的欣赏价值，真正实现音乐与表现力互动的最佳效应。

第三节　健美操动作与音乐选配的优化

对于健美操创编者来说，音乐是健美操的灵魂，如果能够选择一段合适的音乐，那么健美操的创编，就有了成功一半的把握。健美操音乐的选配方式主要有两种：一种是根据音乐制定具体的动作和套路；另一种是根据已经成形的健美操动作，来选择或制作音乐。有经验的创编人员，会根据不同情况进行健美操的音乐选配。

一、健美操音乐选配概述

根据音乐制定具体动作时，要仔细分析音乐的结构和特点，并以音乐的风格、旋律、节奏作为编创动作的依据。将音乐中的每一个起、承、转、合都看成动作的口令和指挥；每一个具体动作的编排都要在音乐中得到规范，这样才能获得一套富于乐感、节奏鲜明的健美操套路。

根据动作选配音乐时，涉及音乐选择和音乐处理以及音乐制作三方面。一般来讲，成套动作所用的音乐大多选择节奏鲜明、结构完整、旋律优美、健康向上的民族音乐、爵士乐、摇滚乐、迪斯科等，在选择中要把握好音乐的整体基调，使其能够起到很好的烘托效果。

选择后的音乐在长度、速度、风格等方面很难与健美操的动作完全统一起来，所以在这种情况下就要对音乐进行处理。音乐剪接便是处理中的重要环节。剪接时应注意使音乐前后的旋律要保持相同或近似，尽量做到“天衣无缝”。在对音乐速度进行部分调整时，要特别注意保持音乐的连续性和连贯性，使其听起来自然顺畅。

对于一些成形的套路动作，如果较难选择个性鲜明的音乐作品，也可以有针对性地进行成套音乐的制作，这样制作出的音乐更能与健美操动作相辅相成。在进行成套动作音乐的创编和制作时，要根据成套动作的风格和每节动作的特点及某个动作的特殊性，来考虑音乐的具体风格和结构。此外，还可以结合动作加一些特殊效果，这对于提高学生的积极性和表现力很有成效。这些特殊效果还有助于加强人们对具体动作、细节的记忆，使健美操的锻炼更具有指导性。

二、选配健美操音乐必须具备的特征

音乐是健美操运动的载体。健美操动作只有与音乐在内在形象上达到高度统一时，才能完整、准确地表现出动作的闪变、连发技巧、起伏的柔美，以及动作套路的艺术性和创作性。通过音乐的烘托作用，可突出健美操的存在，达到“操中有乐，乐中有操”，浑然一体的境界。

(一) 时间的准确性

时间是健美操运动的生命线。由于健美操直接受音乐时间的限制，所以在选择健美操的音乐时，对音乐时间上的要求非常严格。健美操的时间就是音乐的长度，健美操结束，音乐也必须随之停止。因此，要在有限的时间内集中显示健美操表演者的最高水平，这就要求健美操的动作词汇要准确、简练、集中、典型，具有概括力和较强的艺术感染力。无论以何种类型的音乐结束，都要以合理、自然为原则，不能给人以突然的感觉或有牵强的现象出现。

(二) 音乐富有通感性

感性是指健美操的外在节奏变化必须通过内在节奏的力度(强、弱)、速度(快、慢)来体现，音乐的内在节奏应能适应已变化了的健美操动作。成功的健美操音乐能带动表演者的内在感觉。表演者在气息、力度和神态方面发生细腻而明显的变化，自然地形成健美操所特有的内在节奏感，这种节奏感恰恰是构成健美操韵味的十分重要的内在因素。只有音乐与健美操高度统一并有机地结合起来，才能反映出健美操的精华。

（三）音乐旋律必须形象化

旋律的形象化泛指一套健美操的全部音乐都要体现完整的艺术形象。要达到这个目的，健美操音乐要有系统的结构，包括开始、发展、节奏的变化、高潮、结束的连续性的音乐形象。例如，当男子运动员在做仿直升状的难度动作时，音乐同时也出现了飞机盘旋天空的特殊音效，形象地把男子的特点(力度)发挥了出来。音乐的旋律越鲜明，定位越准确，健美操创编者的才华和表演者的水平也就越能最有效和最准确地表现出来。

三、健美操音乐选择范围

（一）民族音乐

民族音乐具有浓烈的地方特色和民族风格，丰富的调式色彩与音乐色彩。音乐形象多样化，舞蹈性强，节奏鲜明、热情、刚健、明快；旋律亲切、优美抒情。

（二）爵士乐

爵士乐的旋律由连续不断地切分节奏组成，即兴性强及强有力的打击乐，节奏变化多，音色鲜明而强烈，和声丰富，表现出喜乐氛围。

（三）迪斯科

迪斯科在旋律上继承了爵士乐的切分节奏，更强调打击乐，节奏感强，表现出一种旺盛的精力。

（四）摇滚乐

摇滚乐继承了爵士乐演奏的即兴性，有快有慢，以一种节奏模式反复出现且带有一种摇摆的感觉，属于激情音乐。其表现形式有重金属及其相对的柔摇滚、混合型的乡村摇滚、流行摇滚等。

（五）轻音乐

轻松愉快、生动活泼并又浅而易懂的音乐，不表现重大的主题思想，轻松活泼的舞曲，如电影音乐和戏剧配乐、通俗歌曲和流行歌曲、舞蹈音乐和民间曲调等。

（六）外文歌曲

外文演唱有强烈的节奏感和震撼感，打击乐明显，音乐速度通常较快，表现出强烈的时代特征和青春气息。

（七）经典曲目

曲调经典，能超越所有时空、种族和语言的界限，也能跨越人格、思想和阶层的鸿沟。音乐的哲理性超越了音乐本身的意义，旋律优美，形象鲜明，感染力强，表现形式多样。

四、音乐剪辑

在使用已出版的音乐作品时，往往要根据需要进行剪辑。剪辑时应尊重原有音乐的完整性，也就是说当决定取舍音乐的某一部分时，不能破坏音乐的基本结构形式，而是利用这些为我们服务。例如，歌曲往往有这样的结构 A+B、A+B+A、(A+B)X3、A+A+B，剪辑时，可剪去某一整段或保留某一段，如果确定需要重新组合乐段，应注意音乐前后的连接自然完整。

音乐的剪辑方法很多，现在大都使用电脑对音乐进行编辑。如想使用电脑要首先选择好软件，各种软件使用方法不同可以参照具体的使用说明进行学习与操作。有些软件还有制作功能可以对音乐进行修改。

五、音乐选配

优美动听的音乐能使人的心情愉快，情绪高昂，积极向上。因此，对健美操的创编者来说，音乐的选择是成功的一半，再加上富有表现力的动作，二者融为一体，可使成套动作充满激情，大放异彩。

（一）根据音乐选择动作

音乐是健美操教学中的重要组成部分，起着语言的指挥作用和练习中的口令作用。对于精心选择的乐曲，要分析音乐的结构特点。应根据音乐的风格特点、节奏和旋律来设计创编健美操的成套动作。动作的节奏必须与音乐的风格相一致，与节奏相统一，才能达到良好的健美操效果。一般成套动作的音乐应选择节奏明显、旋律优美、结构较完整、具有较强感染力且格调健康的迪斯科、爵士乐、摇滚乐或民族音乐。

（二）根据动作制作音乐

当选择的乐曲在时间、速度或风格等方面与动作不相符时，需将音乐重新处理或制作。

1. 音乐的剪接

剪接的形式有两种：一种是同一首乐曲的剪接；另一种是两首或多首乐曲的剪接。无论是哪一种剪接都应注意剪接的部位要放在乐曲有停顿、空拍或乐曲的结尾处效果较好。剪接处前后乐曲的旋律应做到相同或相似，特别是两首或多首乐曲的剪接，其乐曲的速度和旋律要相同或相似，避免在节奏和旋律方面出现不自然的现象。

2. 音乐的调速

乐曲的调速有两种：一种是整首乐曲的调速；另一种是乐曲的部分进行调速。乐曲的部分进行调速在实践制作过程中比较困难。实践证明，乐曲由慢到快听起来很自然，但由快突然放慢听起来就不自然了。具体操作时，可采用以下方法效果会更好：将调速后的音乐放完之后稍加停顿(停 4 拍)，再录制减速的音乐或再调速的音乐剪接有特殊效果的乐曲，如海浪、宇宙间一些自然的声音，但不宜过长，不能超过 8 拍，否则会影响乐曲的完整性。

3．成套音乐的制作

为提高成套动作完成的效果，培养学生健美操的表现能力，对成套动作的音乐可进行制作。根据成套动作的风格和每节动作的特点及某个动作的特殊性，进行成套动作音乐的创编和制作。在一些特殊动作中可加一些音乐效果。实践证明：结合动作特点在音乐中加一些特殊效果，能有效地提高学生的表现力和练习的积极性，对培养美感意识等极为有益。

第五章　健美操运动训练与教学指导

健美操的内容丰富，形式多样，对于健美操运动爱好者而言，他们可以结合自己的喜好和特点自由选择各种形式的健美操，以增强自身身体素质，提高运动技能。本章主要讲解与分析各类健美操的动作技能，为健美操爱好者参加健美操运动习练提供必要的指导。

第一节　健美操基本动作训练

一、基本手型

一般来说，健美操的手型大都借鉴于舞蹈动作，由舞蹈动作演变而来的，常见的健美操手型动作有如下几种。

(1) 合掌。五指并拢伸直。

(2) 分掌。五指用力分开，手腕保持一定的紧张程度。

(3) 拳。五指弯曲紧握，大拇指压在食指弯曲部位。

(4) 推掌。手掌用力上翘，五指自然弯曲。

(5) 西班牙舞手势。五指用力，小指、无名指、中指自掌指关节处依次弯曲，拇指稍内扣。

(6) 芭蕾手势。五指微屈、后三指并拢，稍内收，拇指内扣。

(7) 一指式。握拳，食指伸直或拇指伸直。

(8) 响指。拇指与中指摩擦与食指打响，无名指、小指弯曲至握。

健美操基本手型如图 5-1 所示。

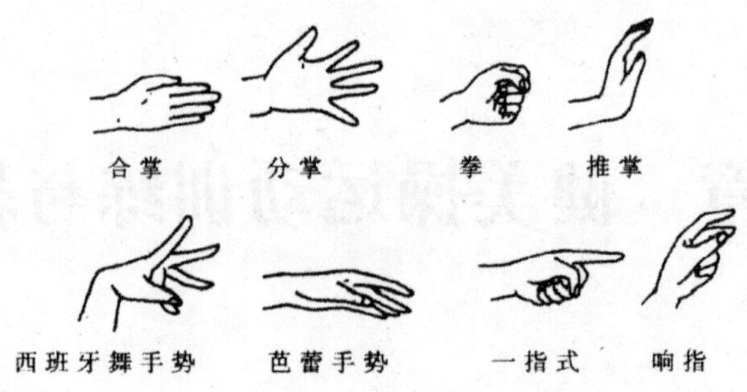

图 5-1 健美操基本手型

二、头、颈部动作

(一) 屈

身体正直，头部向前、后、左、右四个方向分别做前屈、后屈、左侧屈、右侧屈的颈部关节弯曲的运动(图 5-2)。在做动作的过程中，运动者应动作缓慢，以保证颈部肌肉得到充分的伸展。

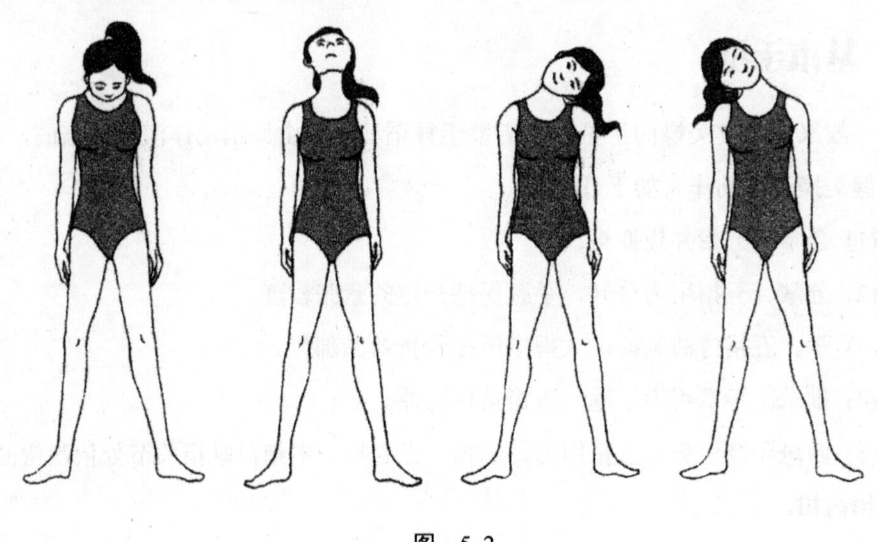

图 5-2

(二) 转

头保持正直姿势，下颌平稳地左右转动，头颈部沿身体垂直轴向左、右转动 90 度(图 5-3)。

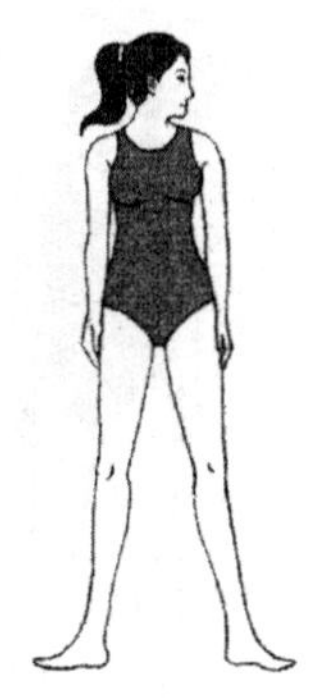
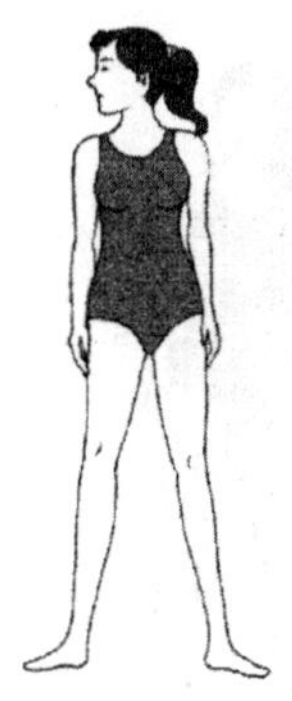

图　5-3

(三) 环绕

头保持正直，然后头颈部沿身体垂直轴向左或右转动大约 360 度。转动头部过程中，速度要放缓，不要过快。动作要做到位，向后转时头要后仰。左或右环绕(图 5-4)，两动作一致，方向相反。

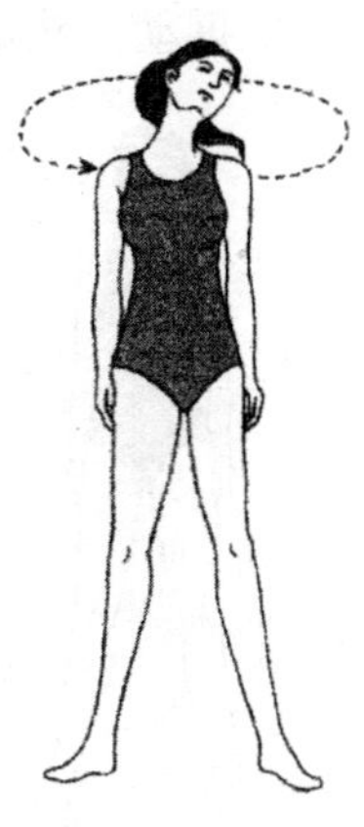

图　5-4

三、肩部动作

(一) 提肩

自然站立，两脚开立，身体保持正直姿势，尽可能将肩部沿身体垂直轴向上提起。可单提肩，也可双提肩，提肩时，身体不能随意摆动。(图 5-5)，反复多次练习，以熟练掌握基本要领。

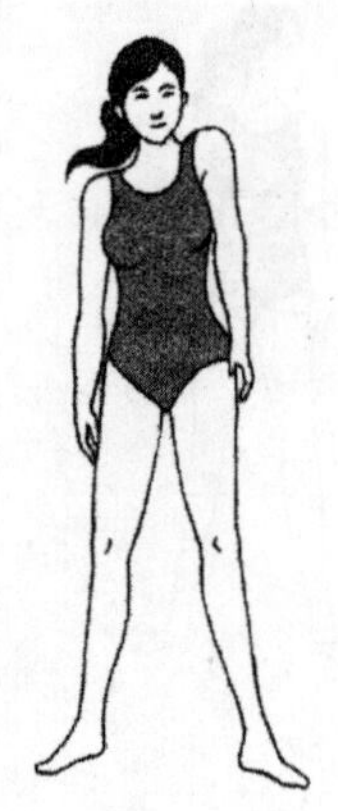
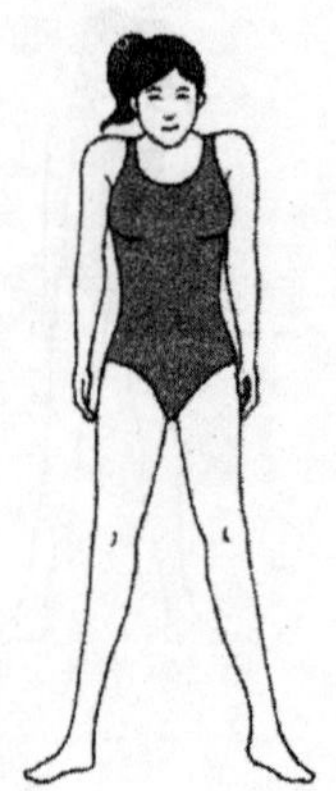

图 5-5

(二) 沉肩

自然站立，两脚开立，身体保持正直，尽可能地将肩部(双肩)沿身体垂直轴向下沉落(图 5-6)。沉肩时，身体不能摆动，头尽量往上伸展。

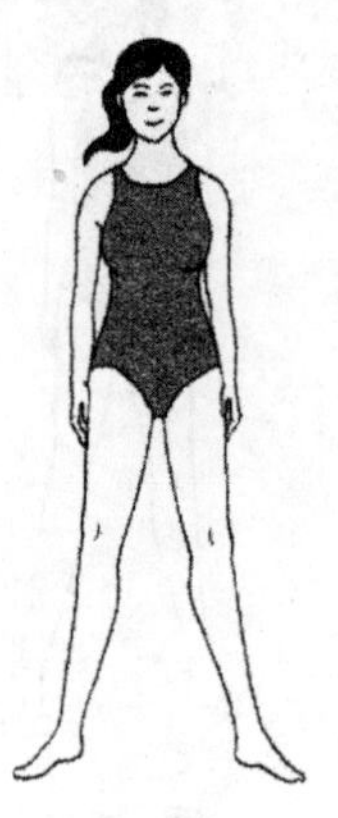

图 5-6

(三) 绕肩

自然站立，两脚开立，身体保持正直，然后肩部沿身体前、后、上、下四个方向绕动，可单肩环绕，也可双肩环绕(图 5-7)，绕肩时，身体不要摆动，动作尽量地大，要舒展开。

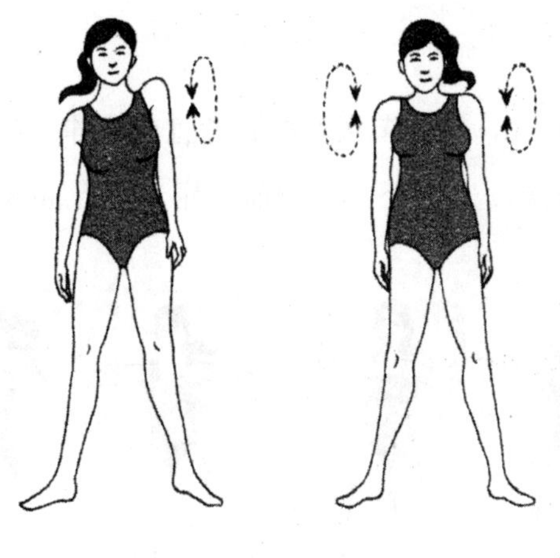

图　5-7

四、上肢动作

(一) 举

自然站立，两脚开立，以肩关节为中心，手臂进行前举、后举、侧举、侧上举、侧下举、上举等活动(图 5-8)。要求动作到位，有力度。

图　5-8

（二）屈

自然站立，两脚开立，肘关节由弯曲到伸直或由伸直到弯曲的动作，如胸前平屈、肩侧屈、肩侧上屈、肩侧下屈、胸前上屈、头后屈(图 5-9)。做屈伸时，手臂关节动作要有弹性。

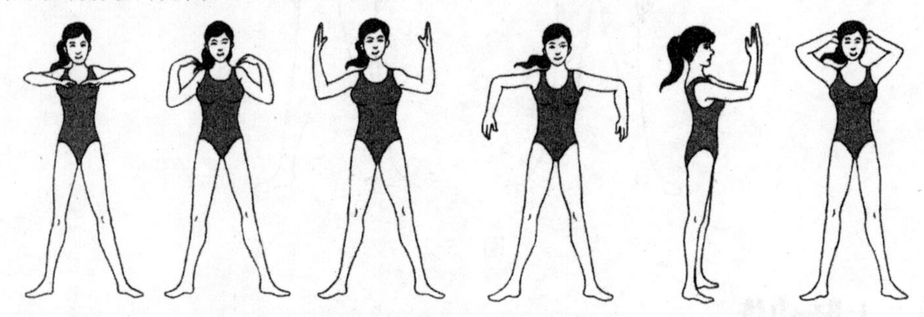

图 5-9

（三）绕、绕环

两脚开立，两臂或单臂以肩为轴做弧线运动，如两臂或单臂向内、外、前、后绕或环绕(图 5-10)，在做动作的过程中，要求运动者所做的动作路线要清晰，起始和结束动作位置明确。

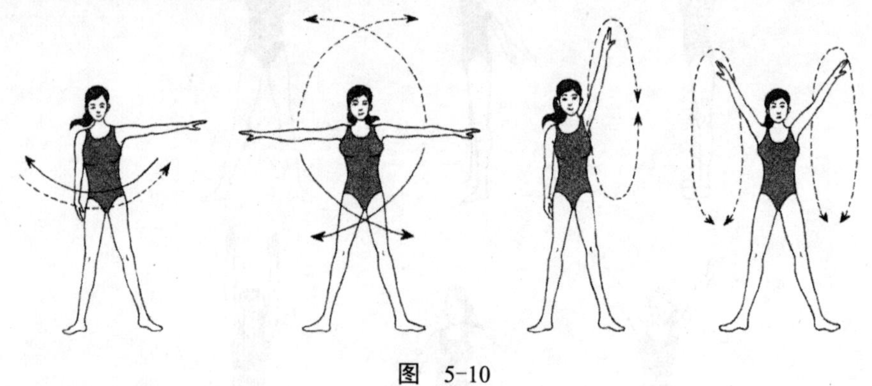

图 5-10

五、躯干动作

（一）胸部动作

(1) 移胸。髋部位置固定，腰腹随胸部左右移动。移胸时，腰腹带动胸部移动；动作要尽量地大。

(2) 含胸、挺胸。含胸时低头收腹，收肩，形成背弓，呼气；挺胸时，抬头挺胸，展肩，吸气(图 5-11)。含胸时身体放松，但不松懈；挺胸时，身体紧张但不僵硬。

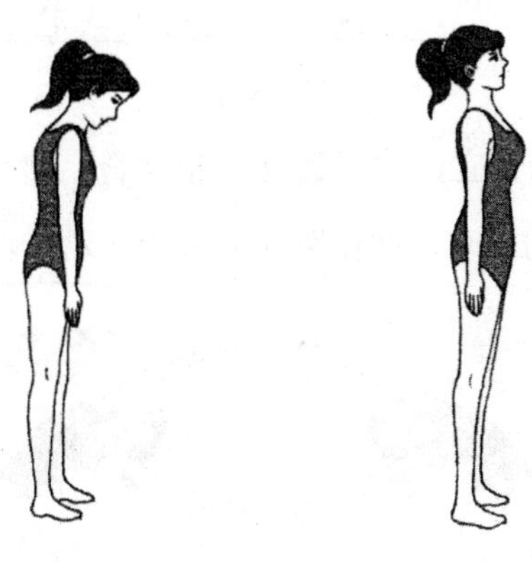

图　5-11

(二) 腰部动作

(1) 屈。两脚开立，腰部向前或向侧做拉伸运动，如前屈、后屈、侧屈(图 5-12)，腰部动作应充分伸展，运动速度不宜过快。

图　5-12

(2) 转。两脚开立，身体保持紧张，结合迈步，腰部带动身体沿垂直轴左右灵活转动，迈步移动重心与转腰运动结合(图 5-13)。

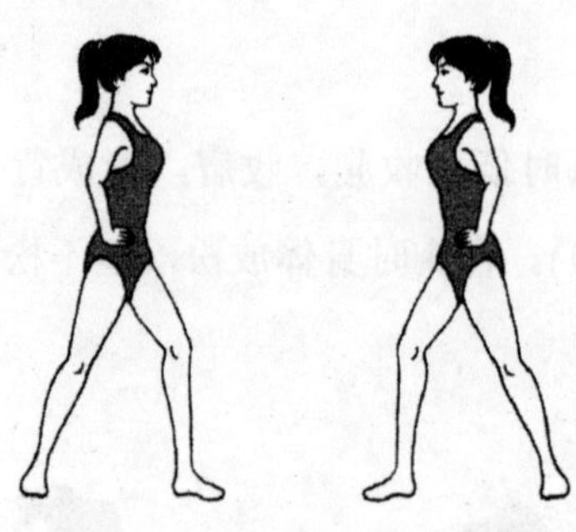

图 5-13

(3) 绕和环绕。两脚开立，与手臂动作相结合，腰部做弧线或圆周运动，即绕和环绕(图 5-14)，做动作时，动作路线应清晰、动作圆滑。

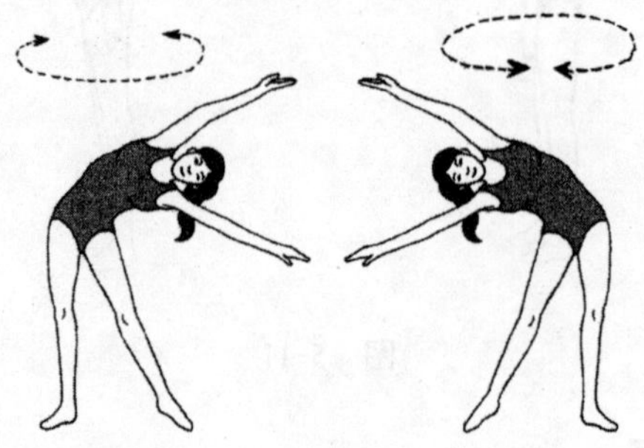

图 5-14

(三) 髋部动作

(1) 顶髋。两腿开立，一腿伸直支撑、另一腿屈膝内扣，上体保持正直，双手叉腰，用力将髋顶出，如左顶、右顶、后顶、前顶(图 5-15)。动作用力，且应有节奏感。

图 5-15

(2) 提髋。两脚开立，手臂自然弯曲，半握拳，髋向左上提、右上提。注意髋与腿部协调向上(图 5-16)。

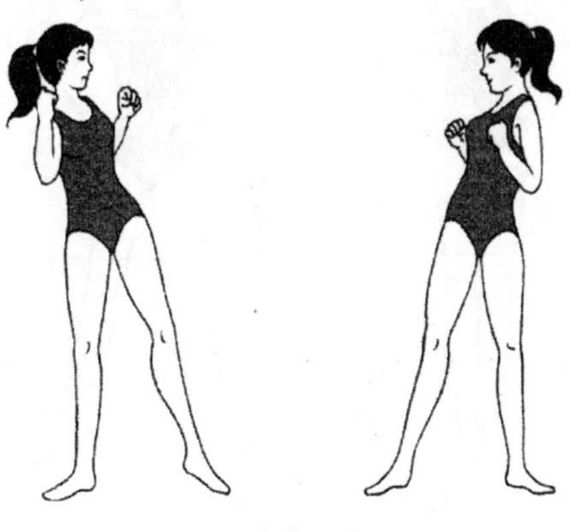

图　5-16

(3) 绕和环绕。两脚开立，双手叉腰，髋做弧线或圆周运动，可分别向左、右方向进行绕和环绕动作(图 5-17)。注意运动轨迹要圆滑。

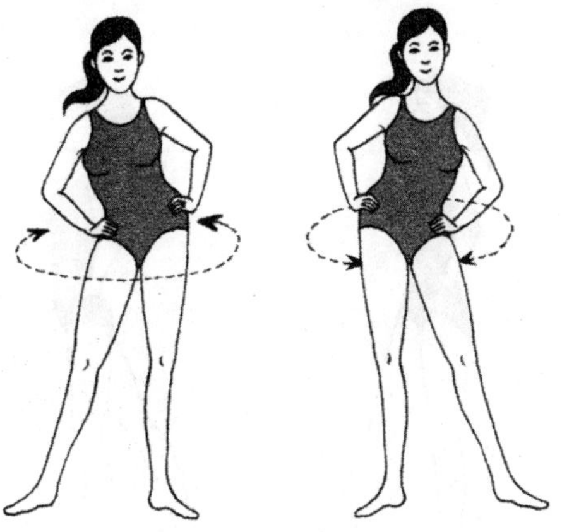

图　5-17

六、下肢动作

(一) 立

(1) 直立、开立。自然站立，身体直立，抬头挺胸；再将双腿打开，脚的间距约与肩相等，做开立动作(图 5-18)。

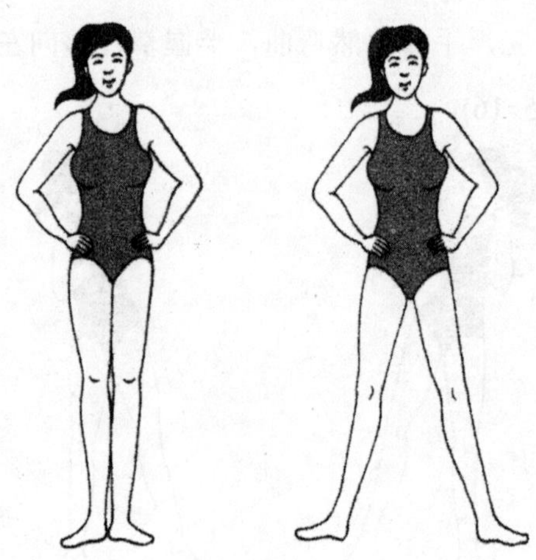

图 5-18

(2) 点立(图 5-19)。自然站立，先直立，然后再伸出一条腿做点立或双腿提起做提踵立，动作形式主要有侧点立、前点立、后点立、提踵立。注意动作的舒展性。

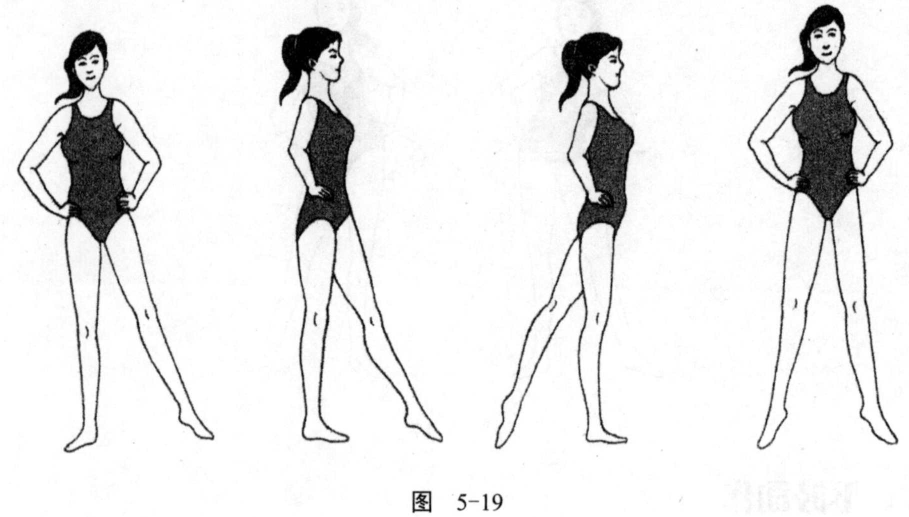

图 5-19

(二) 弓步

自然站立，直立后，大步迈出一腿，做屈动作(前弓步、侧弓步、后弓步)，步子迈出不能太小，也不能太大(图 5-20)。

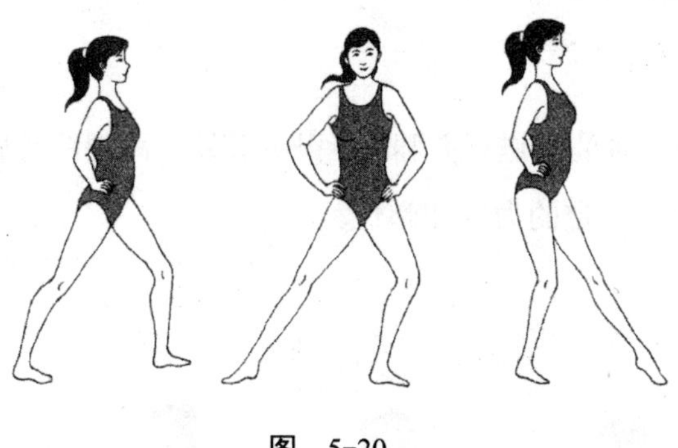

图　5-20

(三)踢

自然站立，双腿交换做前踢、侧踢、后踢等踢腿动作(图 5-21)。注意动作干净利落。

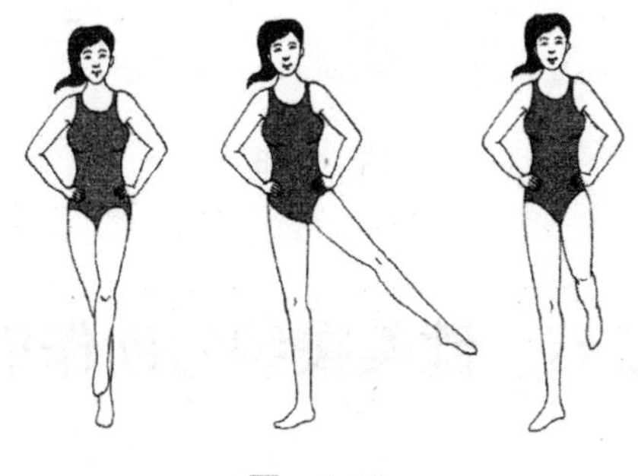

图　5-21

(四) 弹

自然站立，双腿进行正弹腿和侧弹腿的弹动动作(图 5-22)，要求双腿弹动要有弹性。

图　5-22

(五) 跳

自然站立，做各种姿势进行并腿跳、开并腿跳、踢腿跳等腿部练习(图 5-23)。注意跳的时候要保持一定的力度和弹性。

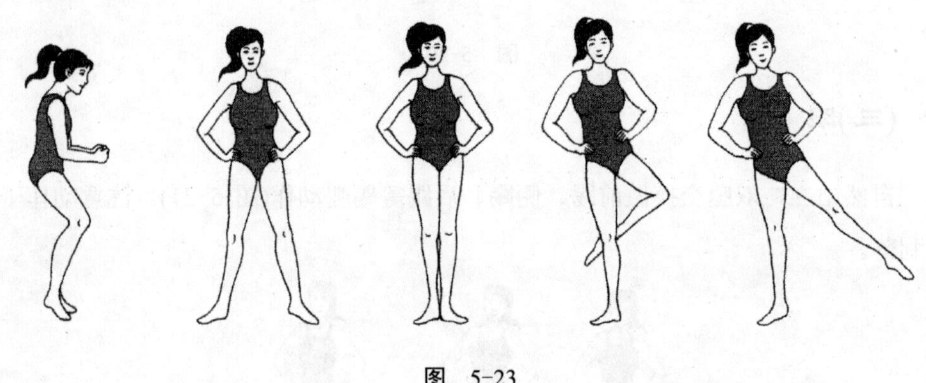

图 5-23

第二节 健美操组合动作训练

一、头部动作组合

在健美操运动中，头颈部是运动者机体最重要的身体部位，加强头颈部的训练不仅能减少脂肪的堆积，增强颈椎间韧带的弹性，还能提高头颈部的灵活性，促进脑部的血液循环，预防运动伤害事故的发生。

健美操的头部动作主要包括屈、转、绕、绕环。下面就重点讲解以上几个头部动作的组合练习。

(一) 头颈转

两脚自然分开与肩同宽，两手叉腰，挺胸、收腹，成预备姿势，头沿垂直轴向左(右)转 90 度。

第一个 8 拍：

1～2 拍头向左转，目视左方。

3～4 拍同 1～2 拍，动作相同，方向相反。

5～8 拍同 1～4 拍。

第二、三、四个 8 拍同第一个 8 拍。

在做动作的过程中，头转动要慢，并有控制，不能太快、突然用力。

(二) 头颈前后屈

两脚自然分开与肩同宽，两手叉腰，挺胸、收腹成预备姿势。

第一个 8 拍：

1～2 拍头前屈，下颌回收，低头下看，前屈 2 次。

3～4 拍头后屈，下颌朝上，头后仰。后屈 2 次。

5～6 拍同 1～2 拍。

7～8 拍同 3～4 拍。

第二、三、四个 8 拍同第一个 8 拍。

在做头颈前后屈的过程中，要注意动作随音乐节奏进行，不能过快或过慢，上体要保持直立，动作速度要适当。

(三) 头颈左右屈

两脚自然分开与肩同宽，两手叉腰，挺胸、收腹、立腰成预备姿势。

第一个 8 拍：

1～2 拍头向左侧屈(2 次)，耳朵尽量触肩，肩保持放松。

3～4 拍头向右侧屈(2 次)，耳朵尽量触肩，肩保持放松。

5～6 拍同 1～2 拍。

7～8 拍同 3～4 拍。

第二、三、四个 8 拍同第一个 8 拍。

在做动作的过程中应该一拍一动，上体保持直立姿势，不得左、右移动。

二、上肢动作组合

在健美操运动中，身体的上肢是变化最多的部位。经常做上肢动作练习能有效地提高自己的手臂力量。下面是上肢动作组合的基本方法。

预备姿势：直立，两臂自然下垂。

(1) 拍左脚向侧一步，同时两臂侧举，基本手型，掌心向下。

(2) 拍两臂经体前交叉绕至肩侧上方，握拳，拳心向内，同时吸右腿，膝向左转。

(3) 拍右腿后伸成左弓步，同时两臂上伸，撑掌，掌心向前。

(4) 拍向右转体 90° 成屈膝半蹲，同时两臂胸前屈交叉，手指触肩。

(5) 拍有腿蹬直，高吸左腿，膝向右转，同时两臂侧举，基本手型，掌心向下。

(6) 拍向左转体 90° 成屈膝半蹲，低头，同时两臂头后屈，手指扶头后。

(7) 拍腿保持不动，同时抬头，两臂上举，撑掌，掌心向前。

(8) 拍两腿伸直，同时两臂侧举，撑掌，掌心向前。

第三个八拍与第一个八拍动作相同；第二、四个八拍与第一个八拍动作相同，方向相反。

三、步伐组合

(一) 第一个八拍

如图 5-24 所示。

步伐：1～4 拍，以左脚的 V 字步开始 5～8 拍，V 字步向后，节奏是 7 嗒 8。

手臂：1～2 拍，左右两臂依次经前至侧上举；3 拍，两臂收至胸前；4 拍，还原；5～6 拍，自然摆臂；7～8 拍，两臂由背后打开至体侧。

手型：1～2 拍，五指并拢，掌心向前；3 拍，五指并拢；7～8 拍，五指分开，掌心向前。

面向：1 点方向。

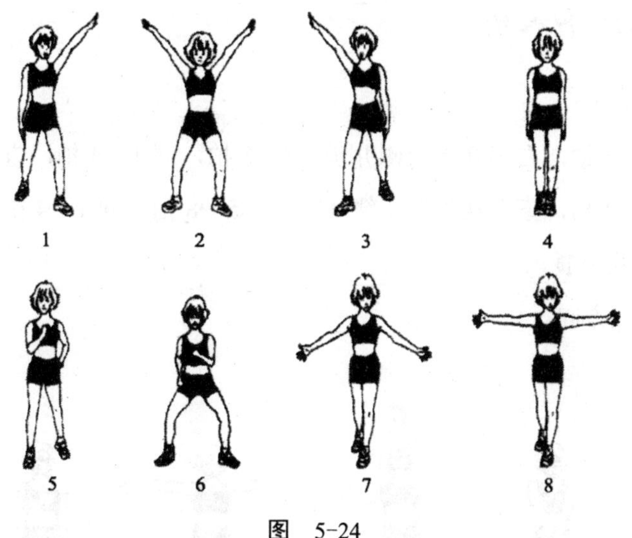

图　5-24

(二) 第二个八拍

如图 5-25 所示。

步伐：1～4 拍，右脚开始上步吸腿；5～8 拍，同 1～4 拍，方向相反。

手臂：1～4 拍，直臂，经前、后、前摆至还原；5～8 拍，同 1～4 拍。

手型：1～4 拍，握拳，拳心向下；4 拍，还原；5～8 拍同 1～4 拍。

面向：1 点方向。

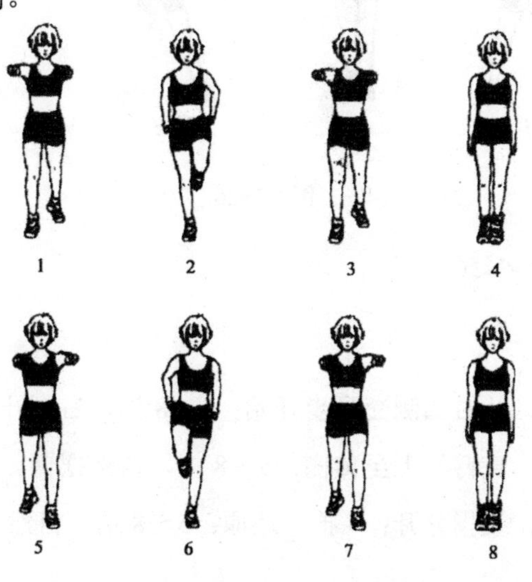

图　5-25

(三) 第三个八拍

如图 5-26 所示。

步伐：1～4 拍，右脚开始向侧并步；5～8 拍，同 1～4 拍，方向相反。

手臂：1～4 拍，直臂从下经上绕环一周；5～8 拍，同 1～4 拍。

手型：五指并拢。

面向：1 点方向。

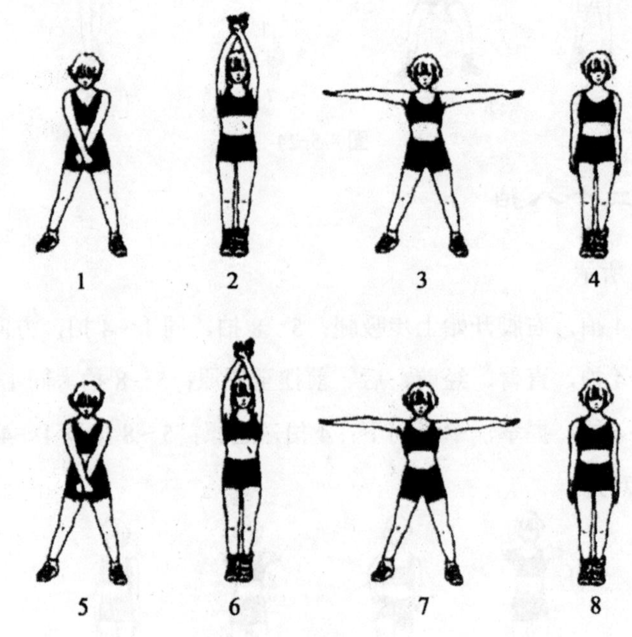

图 5-26

(四) 第四个八拍

如图 5-27 所示。

步伐：1～4 拍，从右脚侧交叉步开始；5～8 拍，右脚开始的转体交叉步。

手臂：1～4 拍，直臂经上至体侧；5～8 拍，自然摆臂。

手型：1～4 拍，五指分开；4 拍，还原；5～8 拍，自然握拳。

面向：1 点方向。

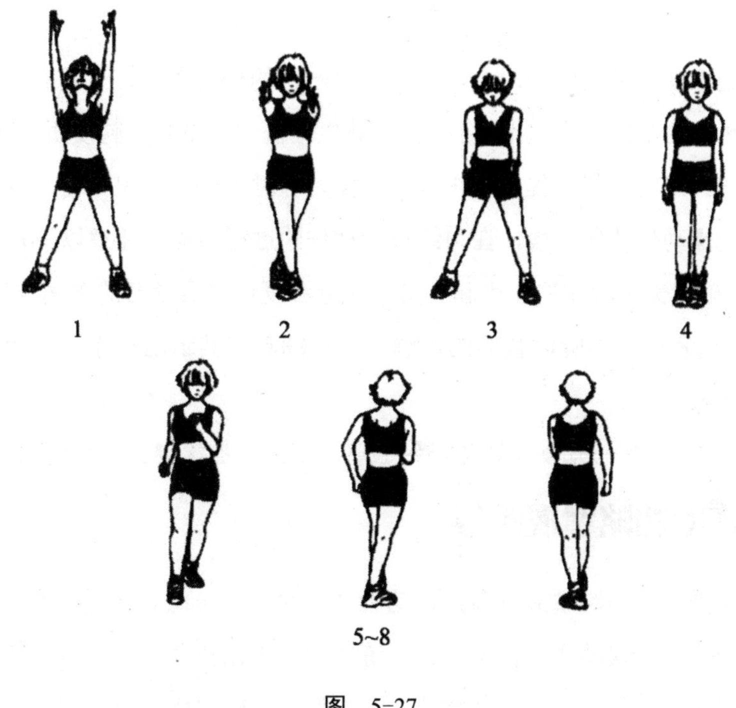

图　5-27

第三节　健美操动作技能形成的教学过程

健美操动作习练有一定的规律，要遵守动作技能的形成原理与规律，只有如此才能保证健美操习练的科学性，提高健美操运动技能水平。

一、动作的认知阶段

在健美操运动习练的过程中，对健美操动作的认知动作阶段是一个内在的思维活动过程，这一过程主要包括以下三个步骤。

(1) 产生学习动机，激发出强烈的学习动机和求知欲。

(2) 感知动作，对教师示范的动作和讲解有一个初步认识与了解，为接下来的学习打下良好的基础。

(3) 联想与探索，把以前学过的动作技能和经验联系起来，属于技能的延伸和扩展。

在健美操动作的认知阶段中，一般没有一定的外在表现，只是有时候不自主地按照所想象的动作不自主地进行模仿。其生理机制是唤起大脑皮质的相关区域，是一个内在思维的联想过程。在进行健美操习练时一定要认识到这一点。

在健美操动作认知阶段，在习练技术动作的过程中需要注意以下几点要求。

(1) 明确健美操动作的作用和意义，充分激发运动员学习的兴趣与动机。

(2) 运动者要认真听取教师的讲解，并仔细观察其示范动作，以形成正确的健美操动作表象。

(3) 运动者要把感知动作印象与经验联系起来，加深健美操动作的认知程度。

二、动作的粗略掌握阶段

在健美操动作粗略掌握阶段，运动者动作的外部表现为僵硬、不连贯，会经常出现不应有的错误动作，技术动作习练的节奏也比较乱，并且易受练习环境的干扰。究其原因，是因为在运动技能学习初期，大脑皮质接连受到各种新异刺激的影响，大脑皮质处于强烈兴奋和广泛的扩散状态，此时不能较好地指令效应器做出准确的反应。该阶段的主要任务是要建立对健美操动作的感性认识，根据教师的示范动作进行模仿练习，能够粗略掌握健美操技术动作。

在健美操动作粗略掌握阶段，需要注意以下几点要求。

(1) 在习练健美操基本动作的过程中，要以模仿练习为主，掌握基本的动作要领，在练习的过程中初步建立肌肉本体感觉的反馈联系。

(2) 运动者要遵循循序渐进的原则，由简到繁、由易到难地进行技术动作习练，切忌贪图求快。

(3) 注重直观性，应通过正确的示范和形象的讲解帮助建立正确的动作概念。

(4) 要突出习练的重点，重点强调重要的技术环节，不要过分追求细节。

(5) 教师要给予学生一定的鼓励，激发其主动参与健美操习练的积极性。

(6) 对于复杂且难度较大的健美操技术动作应采用分解教学法，等熟练掌握各分解动作后再做完整练习。

三、动作的改进和提高阶段

初步掌握了健美操的技术动作，接下来就需要反复练习以改善和提高动作技能，这就是健美操动作的改进和提高阶段。在这一阶段中，健美操技能会逐渐得到改善和提高，对于所输入的信息大脑皮质的分析能力逐渐精密，能够准确地将动作连起来，同时减少多余的动作，动作协调、省力。对动作的概念和要领，在实践过程中逐步明确，并可以用语言对运动技术进行很好的描述，动作逐步协调、准确、连贯、节奏加强、错误动作减少，动作主次清楚，动作不易受环境干扰，动作已基本学会，动力定型初步形成。这一阶段对于运动者而言至关重要。

在健美操动作改进和提高阶段，各种健美操技术动作对于运动者而言已不再是新异刺激，大脑皮质的兴奋和抑制过程相对集中，在时间和空间上的分化日趋精确，反馈能力增强，条件反射牢固。将多余的动作和错误动作消除，对动作细节进行改进，并提高动作的节奏感和协调性，力求动作准确、熟练。

在健美操动作的改进与提高阶段，运动者应注意以下几点要求。

(1) 在习练健美操各技术动作时，应以完整练习为主，适当辅助分解练习，加强难度技术动作的练习。

(2) 要加深理解动作各个环节之间的联系，对动作的认识由感性上升到理性阶段，形成正确的动作概念。

(3) 在这一阶段中，已经建立了正确的动作概念，并且基本上掌握了技术动作，教师可以通过精练、准确的语言来代替示范动作。

(4) 为了进一步提高动作的精确度，可以采用加大动作难度的方法，提高学生细分健美操技术动作的能力。

(5) 精益求精，不断提高动作质量，彻底纠正错误动作，避免形成错误的动力定型。

(6) 从比赛实际出发，制造各种外界干扰因素，以提高学生的应变能力。

四、动作的巩固与应用自如阶段

在健美操技术动作的改进和提高阶段，运动者以建立了正确的动作动力定型，然后开始进入巩固和应用自如阶段。在这一阶段中，在空间和时间上，运动者大脑皮质内兴奋与抑制过程都更加集中，动作更协调、准确，动作细节也正确无误。此时动作不仅正确、优美，而且动作技术在环境条件不断变化的情况下，也不易被破坏，能够更加轻松、省力地完成练习，一些动作环节甚至可以在无意识或下意识的控制下完成，即初步形成了动作的自动化。

在健美操技术动作的巩固与应用自如阶段，习练时要注意以下几点。

(1) 应逐渐加大运动负荷，在较大生理与心理负荷条件下进行训练，以巩固和提高健美操动作技能。

(2) 一般来说，技术动作的自动化程度越高，运动技能就越不容易消退，因此，在这一阶段中，要以完整练习为主，并反复练习，以巩固和强化健美操动作技能。

(3) 在建立了动作自动化之后仍会出现一定的错误动作，由于这些动作是在“在低意识控制下”完成的，一旦出现错误，不易意识到，若多次重复就会巩固这些错误动作。因此，在动作自动化以后，仍需纠正与检查错误动作。

(4) 对所要学习的动作在某一运动项目中的地位、作用和特点进行分析，并根据其所具有的特点有所侧重，如属对抗性项目，应分析该动作因情况不同而可能发生的变化，同时要纳入该项目的战术体系中加以思考，如属单一动作，应以提高熟练程度和动作质量为主。

(5) 要将身体素质练习与健美操技术动作练习结合起来，这样才能促进健美操训练水平的提高。

第四节　多类型健美操套路教学

健美操的类型有很多，下面主要讲解踏板操和水中有氧健美操的技术动作习练方法。

一、踏板操

踏板操，即在踏板上随着动感音乐(每分钟 120 拍左右)有节奏地上下舞动，进行健美操的动作和步伐。它具有健美操的所有特点，同时，由于大部分动作是在踏板上完成，所以能更有效地增强心肺功能及协调性。因其主要针对的部位是下肢和臀部，具有明显的耗能减脂，提臀美腿，改善女性肌肉线条的功效。

（一）踏板操基本技术

踏板操的基本技术主要包括缓冲弹动、控制以及重心三个方面。

1．缓冲弹动

缓冲是有氧运动的基础，也是踏板操的基础。它是依靠踝关节、膝关节、髋关节的屈伸和弹动而产生的。

踏板操的缓冲作用主要表现在两方面：第一，可缓解下板时地面对身体的冲击力和阻力；第二，上板时可使腿部肌肉充分地得到收缩和对抗的锻炼，使动作和动作之间的连接安全、自然。

2．控制

控制是人体肌肉的紧张和松弛的协调配合。在整个运动中身体的基本姿态应得到控制，保持身体的自然挺拔。在踏板操中主要是板上、板下、左右的移动的动作，需要腰、腹、臀的肌肉控制。

踏板操的控制作用主要表现为对身体的平衡、固定和安全作用，能够保证下肢动作的顺利完成。

3．重心

在踏板操运动中，重心移动非常重要，它是保证踏板操练习中身体安全和动作流畅的重要因素。在运动的过程中，身体的重心是伴随着技术动作的变化而发生变化的。踏板操中重心的移动主要体现在上板、下板的路线过程中。踏板操中的重心移动的关键，就是在完成动作时双脚的交替用力和身体躯干向脚的动作方向同时跟进。

（二）踏板操基本动作

踏板操中各种动作的变化都是在基本动作的基础上产生和发展的。踏板操的基本动作是结合地上健美操动作而发展变化的。基本步法是体现练习者下肢动作基本姿态的主要练习手段，待基本步法熟练后，加上上肢动作、方向和节奏变化，可以使踏板操变得生动有趣。

1．上肢动作

(1) 踏板健美操上肢基本动作包括举、屈、伸、绕和绕环及振等动作。

(2) 踏板健美操上肢动作可以通过改变动作的方向、路线、幅度、角度来完成。

(3) 踏板健美操上肢动作还可以使用单双臂同时或依次做动作，以及左右对称或不对称做动作，从而改变单一的动作形式，创编出比较新颖、美观的动作组合。

2．下肢动作

如图 5-28 所示，长方形代表踏板；a，b，c，d，e，f，g，h 为踏板周围的位置；r，s，t 为踏板上左、中、右三个位置；v，x 分别为 s，t 到踏板两边中间距离的位置。

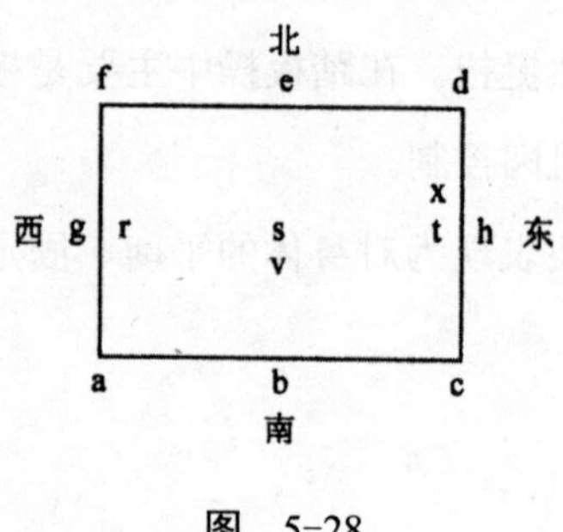

图 5-28

(1) 横跨板。

准备：身体位于踏板左侧 g 位置，身体面向正北方。

动作：1～2 拍，右脚向右侧横跨一步上板，至踏板中央 s 位置；左脚紧跟右脚上板，身体重心随之移动至板上。

3～4 拍，右脚再向右横跨一步下板至 h 位置；左脚下板并于右脚，整个身体完成横跨踏板的动作。

(2) 基本步。

准备：位于板下 b 的位置，面向正北方。

动作：l～2 拍，左脚向前迈一步上板至 s 位置；然后右脚也向前迈一步并于左脚，身体重心随之向前移动。

3～4 拍，左脚向后迈一步下板至 b 位置；然后右脚也向后迈一步并于左脚，身体重心随之向后移动，还原到开始位置。

(3) 边角步。

准备：位于板下 b 位置，身体面向正北方。

动作：1～2 拍，右脚向左前方迈一步上板至 r 位置，左腿提膝。

3～4 拍，左腿伸膝落于开始位置 b，右脚落于 b 位置，还原到开始姿势。

5～6 拍，左脚向右前方迈一步上板至 t 位置，右腿提膝。

7～8 拍，右腿伸膝落于开始位置 b，左脚落于 b 位置，还原到开始姿势。

(4) 斜角步。

准备：位于板下 a 位置，身体面向正东方。

动作：1～2 拍，左脚由开始位置向左前方迈步，上板至 v 位置，右脚上板至位置。

3～4 拍，左脚下板至 d 位置，有脚并于左脚。

(5) 交叉步。

准备：位于板下 a 左侧处，身体面向正北方。

动作：1～2 拍，右脚向右迈出一步，左脚向右迈出一步，并交叉于右脚之后。

3～4 拍，右脚再向右迈出一步，左脚并于右脚。

(三) 踏板操组合动作

1．初级踏板操组合动作

(1) 第一个八拍。

步伐：第 1 拍右脚点板，第 2 拍右脚下板，3～4 拍相反，5～8 拍右脚一字步上下板 1 次。

手型：1～4 拍掌；5～8 拍拳。

手臂：1～4 拍两臂在身体前侧击掌；5～8 拍两臂在身体侧面弯曲肘部，并前后来回摆动两臂。

面向：1 点方向。

(2) 第二个八拍。

步伐：1～2 拍右腿上板 V 字步，3～4 拍下板内转 90°，5～8 拍同 1～4 拍，方向相反。

手型：拳。

手臂：两臂在身体侧面弯曲肘，并前后来回摆动两臂。

面向：1～2 拍 1 点，3～4 拍 7 点，5～6 拍 1 点，7～8 拍 3 点。

(3) 第三个八拍。

步伐：1～2 拍右脚上板 v 字步，3～4 拍下板，5～8 拍同 1～4 拍。

手型：拳。

手臂：前后来回自然摆动两臂。

面向：1 点方向。

(4) 第四个八拍。

步伐：1 拍右脚上板，2 拍左脚前吸腿，3 拍左脚点地，4 拍左腿前吸，5 拍左脚点地，6 拍左腿前吸，7～8 拍下板。

手型：拳。

手臂：前后来回自然摆动两臂。

面向：1 点方向。

2．中级踏板操组合动作

(1) 第一个八拍。

步伐：第 1 拍右脚上板，第 2 拍左脚前吸腿，3～4 拍脚下板，5～8 拍左脚上板 V 字步下板后内转 90°。

手型：拳。

手臂：1～4 拍前后来回自然摆动两臂，5～8 拍两臂在身体侧面弯曲肘，并前后来回摆动两臂。

面向：1～6 拍 1 点，7～8 拍 7 点。

(2) 第二个八拍。

步伐：第 1 拍右脚上板，第 2 拍左脚上板，与此同时，右腿跳吸，3～4 拍过板下板，第 5 拍右脚向前一步，第 6 拍左脚上步，第 7 拍转体 180°，8 拍向前走一步。

手型：1～4 拍拳、掌，5～8 拍拳。

手臂：第 1 拍两臂在胸前弯曲，第 2 拍两臂向上伸展，第 3 拍两臂在胸前弯曲，第 4 拍两臂置于身体两侧，5～8 拍前后来回自然摆动两臂。

面向：1～4 拍时向 7 点，5～6 拍 8 点，7～8 拍 4 点。

(3) 第三个八拍。

步伐：第 1 拍右脚侧上板，第 2 拍左脚前吸腿，第 3 拍左脚下板，第 4 拍右腿向后伸展，第 5 拍右脚上板，第 6 拍左脚向后抬起，与此同时，左脚要绕过踏板，7～8 拍向左旋转 90°，下板。

手型：1～4 拍拳，5～8 拍拳，掌。

手臂：1～4 拍前后来回自然摆动两臂，第 5 拍两臂在胸前弯曲，第 6 拍两臂向上伸展，7～8 拍两臂在身体两侧自然垂落。

面向：1～6 拍时 4 点，7～8 拍 1 点。

(4) 第四个八拍。

步伐：第 1 拍右脚上板，第 2 拍左腿侧抬，3～4 拍下板，5～8 拍同 1～4 拍方向相反。

手型：掌心向前。

手臂：1～2 拍两臂从侧面向上举起，3～4 拍两臂在身体两侧自然落下，5～8 拍同 1～4 拍。

面向：1 点方向。

3．高级踏板操组合动作

(1) 第一个八拍。

步伐：第 1 拍右腿跳上板，与此同时，向后抬起左腿，第 2 拍左腿前收，3～4 拍下板，5～6 拍左腿板上恰恰，7～8 拍下板，与此同时，向左转动 90°。

手型：1～4 拍掌心向外，5～8 拍拳。

手臂：第 1 拍两臂倾斜向上举起，第 2 拍下拉两臂至胸前弯曲，3～4 拍自然将两臂放至体侧，5～8 拍向上弯曲两小臂。

面向：1～4 拍 1 点，5～6 拍 2 点，7～8 拍 7 点。

(2) 第二个八拍。

步伐：第 1 拍右腿从侧方向上板，第 2 拍左腿后屈跳，第 3 拍左脚向后交叉，并点地，第 4 拍左腿向后弯曲，5～6 拍下板，同时右转 90。，7～8 拍左脚尖点板一次。

手型：拳。

手臂：两臂在身体侧面弯曲，并前后来回摆动两臂。

面向：1～4 拍 7 点，5～8 拍 1 点。

(3) 第三个八拍。

步伐：第 1 拍右脚上板，第 2 拍左腿向板左侧地迈一步重心在左侧，3～4 拍右侧横过板，第 5 拍重心在右腿，第 6 拍重心落在左腿板上，7～8 拍下板。

手型：拳。

手臂：前后自然来回摆动两臂。

面向：1 点方向。

(4) 第四个八拍。

步伐：第 1 拍右脚上板，第 2 拍前吸左腿，第 3 拍左脚板前点地，第 4 拍前吸左腿，第 5 拍下板，第 6 拍右脚跟点板，第 7 拍右腿前吸，第 8 拍下板。

手型：拳。

手臂：两臂在身体侧面弯曲肘，并前后来回摆动两臂。

面向：1～3 拍时向 1 点，4～5 拍向 3 点，6～8 拍 1 点。

二、水中有氧健美操

水中有氧健美操，就是指在水中进行的有氧健美操，又称为水中健美操，它将健美操的身体动作、游泳动作和舞蹈步伐在水中进行了有机的结合，是一项在水中的新型有氧健身项目。

（一）水中踏步与走步

(1) 水中踏步。踏步过程中至少保持一只脚始终与地面保持接触。踏步时，膝关节用力抬起，并尽可能接近 90 度，不要露出水面。同时，上体保持正直。落地时由脚尖过渡到全脚掌。

(2) 水中走步。在水中前、后、左、右、斜方向移动，步伐均匀，速度适中。

（二）踢腿

(1) 前踢腿。双手叉腰，单腿站立，一腿弯曲抬起并使大腿尽量与上体保持 90 度，小腿与大腿保持 90 度，然后再逐渐伸直。抬腿时，大腿不要露出水面，伸腿时脚和膝盖绷紧，上体保持直立。

(2) 后踢腿。双手扶池边，单腿站立，另一腿向后抬起，做屈伸练习。上身保持直立。

(3) 侧踢腿。双手扶池边，单腿站立，另一腿向侧方向抬起，做屈伸练习。上身保持正直。

（三）划水

(1) 双手划水。两腿开立，两臂前举，五指并拢，由内而外按“8”字路线同时向后划水至最大幅度。速度要均匀，腰部收紧，还原时两臂内收，两手合掌前伸。

(2) 向前单手划水。两腿左右开立，成马步状，使肩与水面齐平。双手在矢状面内依次向前拍水，每一只手臂成轮状转动。手臂尽量伸直、放松。

(3) 向后单手划水。两腿左右开立，成马步状，使肩与水面齐平。双手在矢状面内依次向后拍水，每一只手臂成轮状转动。手臂尽量伸直、放松。

(4) 体前双手向内划水。两腿左右开立或跪立，使肩与水面齐平。双手在体前同时成轮状在额状面向外拍水。

(5) 体前双手向外划水。两腿左右开立或跪立，使肩与水面齐平。双手在体前同时成轮状在额状面向外拍水。

(四) 马步转体

两腿开立，屈膝半蹲，两臂侧下举，上体匀速向左右拧转至最大限度。

(五) 弓步伸展

两腿半蹲，左腿后伸成右弓步，同时两臂摆至前举，还原成半蹲后换另一侧练习，左右交替重复练习。

(六) 屈膝抱腿

左腿屈膝上抬，右腿屈膝半蹲，同时两手抱左小腿，还原成直立时两臂打开成侧平举，两腿交替练习。

(七) 开立侧屈

两腿开立稍宽于肩，一手叉腰，另一手掌心向内，向侧摆动并带动上体做侧屈动作，左右交替练习。

(八) 前屈后伸

两腿开立，两臂由下向前带动上体做体前屈(抬头)至整个上体接触水面，还原后手臂向后带动上体后屈至最大幅度并还原。重复练习使腰背部充分伸展。

(九) 髋部旋转

两腿开立，两手手指向下扶腰骶部。两手依次用力推动骨盆，沿顺时针方向绕环一周。左右交替练习。

第六章　竞技健美操训练方法与教学指导

竞技健美操是高水平的健美操比赛，以竞赛夺冠、争取优胜为直接目的。竞技健美操会受到竞赛规则的限制，具有特定的竞技规则，须按照特定的规则要求组织编排、进行训练和比赛。随着竞技健美操运动的广泛开展，竞技健美操运动训练也得到越来越多人的重视。

第一节　竞技健美操基本动作训练方法

一、身体基本姿态训练方法研究

竞技健美操的基本姿态是指做动作时，头、手、臂、躯干、腿和脚等身体各个部位所处的位置符合标准姿态。标准的基本姿态是高质量地完成竞技健美操专项动作的基本条件，学生要掌握标准的基本姿态，须经过长期训练。

比赛中，优美标准的身体姿态不仅是评分因素之一，直接影响着比赛的运动成绩，而且也可以给裁判员留下美好的印象。因此，要对基本姿态的训练给予足够的重视。

（一）规则要求

基本姿态方面，规则要求躯干、后背、骨盆稳定、腹肌收缩。全部动作必须表现正确的身体姿态，没有关节的过分伸展。

（二）训练内容与方法

1．站立姿态训练

这是竞技健美操最简单也是最基本的动作姿势，是动态专项运动的基础。竞技健美操站立姿态要正直挺拔，抬头挺胸，沉肩夹背，大腿、腹部、臀部内收，表现出气宇轩昂、富有朝气的良好气质和形态。站立姿态训练中，要通过直观教学，使学生对站立姿态的正确位置有一个清晰的动作表象。每次训练课必须安排10分钟左右的基本站立姿态训练的针对性训练。训练中教师应该及时纠正学生的错误动作。

(1) 颈部练习：颈部自然挺直，微收下颌，眼视前方，头部保持正直。可放一本书在头上，保持平衡，并能在保持平衡的基础上进行移动练习。

(2) 肩部练习：将双肩垂直向上耸起，直到双肩有酸痛感后再把双肩用力下垂。反复练习，练习结束后再充分放松。

(3) 臀部练习：双脚并拢站立，躯干保持直立。脚掌用力下压，臀部和大腿肌肉用力收紧，并略微向上提髋。进行反复练习。

(4) 腹部练习：在收紧臀部的同时，使腹部尽量用力向内收紧，并用力向上提气，促使身体提高，坚持片刻，然后放松。进行反复练习。

(5) 背靠墙站立姿态练习：双脚并拢，同时头、肩胛骨和臀贴墙壁，足跟离墙3厘米左右。注意用胸式呼吸，在提气中做此动作。做此练习时，双腿夹紧，收腹挺胸，立腰立背，紧臀，肩胛骨下旋，同时双肩下沉，下颌略回收，头向上顶，背部成一平面。

(6) 站立姿态练习：在背靠墙站立姿态练习的基础上，脱离墙的支撑，体会站立时肌肉的细微感觉。进行反复练习，注意呼吸的均衡。

2．头部姿态训练

头部姿态往往能表现出竞技健美操专项动作的韵味。准确优美的头部姿态，与身体各部位动作的协调统一，再配合眼神和面部表情达到神态美和形态美的有机结合，动作才会富有表现力。

(1) 低头练习：双手叉腰，立正站好。挺胸，下颌贴住锁骨窝处，颈部伸长，然后还原。速度先慢后快，注意体会低头时肌肉的控制感觉。

(2) 抬头练习：双手叉腰，立正站好。头颈后屈，然后还原。速度先慢后快，注意体会抬头时肌肉的控制感觉。

(3) 左转练习：双手叉腰，立正站好。头向左转动，下颌对准左肩，然后还原。速度先慢后快，注意体会左转头时肌肉的控制感觉。

(4) 右转练习：双手叉腰，立正站好。头向右转动，下颌对准右肩，然后还原。速度先慢后快，注意体会右转头时肌肉的控制感觉。

(5) 左侧屈练习：双手叉腰，立正站好。头向左侧屈(左耳向左肩的方向)，然后还原。

(6) 右侧屈练习：双手叉腰，立正站好。头向右侧屈(右耳向右肩的方向)，然后还原。

3．上肢姿态训练

上肢姿态非常重要，有直臂和屈臂两种，表现直线和曲线两种基本动作形式。手臂的表现力通过手臂的线条、力度的变化以及由静到动的节奏形式体现，它是学生最难驾驭和体会的。训练中，可采用把杆或其他形体训练中的上肢姿态训练，同时应该强调上肢动作力度、幅度和控制能力，使学生体会正确的上臂肌肉感觉、动作发力方法和发力顺序。

(1) 基本掌型练习：基本掌型分为五指分开和五指并拢两种类型。在竞技健美操中，五指分开手型的基本要求是五指伸直用力到指尖，尽量分开至手掌的最大面积且在一平面上；五指并拢手型的基本要求是五指并拢，大拇指第一指关节略弯曲，其他四指伸直，五指保持在同一平面内。在训练过程中，首先要根据基本掌型的要求将掌型控制好，再进行不同平面上的掌型训练。

(2) 拳的练习：拳在竞技健美操中也是比较常用的一种手型，相对于其他的手型更加能表现出动作力度的感觉，常用的是实心拳。

(3) 指的练习：随着竞技健美操的发展，动作越来越丰富，开始出现了指的手型。常用的有剑指，即大拇指、无名指和小拇指弯曲，食指和中指并拢伸直。

(4) 特殊风格手型练习：竞技健美操音乐的多样化，决定了表现其风格的手型动作的多样化。由于吸收不同文化的指导，出现了西班牙手型和阿拉伯手型等特殊风格的手型，这些手型练习在训练中是十分必要的。

(5) 双臂前举练习：双臂由下举向前绕至前举，双臂间距与肩同宽，五指并拢或分开，掌心相对或向上、向下、握拳等。

(6) 双臂上举练习：双臂经前绕至上举，双臂间距与肩同宽。

(7) 双臂侧举练习：双臂经侧绕至侧举。掌心可向上或向下。

(8) 双臂后举练习：双臂经前向后绕至后下举，手臂尽量向后，臂距与肩同宽。

(9) 双臂前上举练习：双臂经前绕至与前举与上举夹角为 45° 的位置或前侧上举。

(10) 双臂前下举练习：双臂经前绕至与前举与下举夹角为 45° 的位置或前侧举。

(11) 双臂胸前平屈练习：双臂屈肘至胸前，大小臂都与地面平行，前臂平行于额状轴，小臂距胸 10 厘米左右。

(12) 双臂侧举屈肘练习：双臂侧举同时屈肘，使前臂和上臂成 90° 。

4．躯干姿态训练

躯干姿态主要包括胸、腰和臀部的动作形态，因而训练也主要针对相应的部位。竞技健美操专项动作要求躯干挺拔，在完成动作过程中腰腹收紧，不能松懈，背部、臀部夹紧内收。躯干姿态训练要集中于腹肌的力量训练和胸部的柔韧性训练上，同时注意提高动作的控制力。

(1) 躯干稳定性训练。

1) 负重仰卧起坐：仰卧，两手持实心球于胸前，使球尽量接近下颌。可根据学生的实际肌力水平，采用不同重量的实心球，一般采用 2~3 千克的。经过一段时间训练，可以逐步增加实心球的重量。由仰卧至起坐的过程是腰腹肌做克制(向心)工作，完成时速度要稍快些，由坐起再返回到仰卧姿势，腰腹肌则是做退让(离心)工作，身体回倒时速度放慢，一般是控制在起坐时间的一倍为宜；如果速度过快，动作实质是依靠重力来完成的，这样腰腹肌锻炼效果就大大减小。这种练习腰腹肌的方法收缩强度较大，训练是要注意负荷重量和起坐的适宜速度。

2) 健身球俯卧撑：俯卧、双手撑地支撑起身体，双脚背放于健身球上，含胸收腹。可根据学生的实际肌力水平，调整双臂和健身球的距离，一般是一臂半的距离。经过一段时间的训练，可以逐步增大距离。双臂由直臂到屈臂躯干是做退让(离心)工作，身体下降时速度放慢，一般是控制在向上时间的一倍为宜，如果下降的速度过快，动作实质是依靠重力来完成的，这样对躯干稳定性的锻炼效果就大大减小。双臂由屈臂到直臂的过程是躯干做克制(向心)工作，完成时速度要稍快些，这种练习躯干稳定性的方法要求控制能力强度较大，训练时要注意躯干的稳定和俯卧撑的适宜速度。

(2) 躯干灵活性训练。

首先做左右依次提肩，同时提双肩，左右依次前后绕肩和双肩同时绕等肩关节运动，再做顶髋，绕髋等髋关节运动。然后做躯干前后左右的移动练习。以提高躯干、肩、髋关节的灵活性。

5. 下肢姿态训练

下肢姿态应腿内收、开胯、直膝、绷脚尖。训练下肢姿态，可选用把杆练习，发展腿部肌肉的力量、速度和下肢关节的灵活性。训练中，应注意结合竞技健美操的特征，发展肌肉快速用力的感觉，动作的控制力和表现力等。

竞技健美操基本姿态可以利用徒手体操练习来进行训练，因为徒手体操动作横平竖直的特点与竞技健美操动作的用力感有相同之处。

二、基本技术训练方法研究

(一) 基本轴的控制训练

人体基本轴分为垂直轴、额状轴和矢状轴。控制基本轴，不仅是为了提高动作的可观赏性，正确地完成技术动作，也是完成难度动作时自我保护的一种方法。竞技性健美操各种轴的控制中，人体垂直轴的控制最重要，其控制训练方法如下。

1. 背靠墙站立控制训练

双脚并拢，背靠墙站立，同时后脑、双肩、背、臀和小腿紧贴墙壁，足跟离墙3厘米左右。体会身体垂直轴控制的感觉。要求双腿及臀部夹紧，收腹挺胸，立腰立背，肩胛骨下旋同时双肩下沉，下颌微收，头向上顶，背部成一平面。初学者每分钟一组，每次练习两组。

2．站立控制训练

双腿夹紧，收腹挺胸，立腰立背，肩胛骨下旋同时双肩下沉，在没有墙壁支撑的情况下进行练习。身体用力感与有墙面支撑物相同，不断体会这种身体姿态的感觉。初学者每分钟一组，每次练习两组。

3．双手叉腰提踝站立控制训练

在站立控制练习的基础上，双手叉腰，同时双足提踵，使人体在提高重心的情况下进一步提高身体垂直轴的控制能力。体会后背的感觉和身体垂直轴的控制。初学者每分钟一组，每次练习两组。

4．双手叉腰，提踵行进间垂直轴控制训练

在双手叉腰提踵站立控制训练的基础上，提踵行进间走，可向前或向后行走。使人体在移动重心的情况下进行垂直轴控制练习：单手扶把杆进行练习；徒手练习。初学者10米一组，每次练习1～2组。

5．原地纵跳控制训练

在站立控制练习的基础上，双膝微屈，蹬地向上，借助踝关节力量，向上纵跳。在动作过程中，体会腰腹、臀部收紧，身体成一条直线，感受身体垂直轴的控制。要求做该动作时要注意提气、收腹、立腰，头尽量往上顶，同时注意落地缓冲。初学者8～10人一组，每次练习1～2组。

6．负重原地纵跳控制训练

在原地纵跳控制练习的基础上，脚踝关节上绑上沙包，使人体在增加负荷的情况下进行身体垂直轴控制练习。初学者8～10人一组，每次练习1～2组。

7．原地纵跳转体90° 控制训练

在原地纵跳控制练习的基础上，起跳腾空后向左或右转90° 同时手臂可做一些辅助的动作，如借助起跳手臂顺势上举等。轴的控制能力增强后，可增加转体的角度进行训练。做该动作时要注意身体的基本姿态，在转体的瞬间注意垂直轴的控制。初学者 3 人一组，每次练习两组。

8．小组合训练

安排一些左右移动的组合动作和重心上下移动的组合动作进行垂直轴的控制练习，同时配合一定的音乐，要求在运动过程中保持身体垂直轴的稳定。随着控制能力的增强，可以适当加快音乐速度进行训练。初学者安排简单的组合动作进行练习，4×8 拍组合，练习 1～2 组。

（二）弹动技术训练

弹动技术是竞技健美操最重要的技术之一，其主要依靠踝、膝、髋关节的屈伸缓冲而产生，其作用在于减少运动对关节的冲力，从而减少运动对人体造成的损伤。弹动屈伸的过程中，腿部肌肉要协调用力控制才能有效地防止损伤与产生流畅的缓冲动作，参与运动的肌群在整个运动过程中要得到控制，使运动变得流畅。

在弹动缓冲动作训练时，可以先练习踝关节的屈伸动作：双腿原地直垂身体正直，立踵、落踵。在充分掌握了踝关节的屈伸之后是膝与髋关节的弹动训练：双腿原地直立，身体正直，屈膝半蹲，膝关节垂线不要超出脚尖，同时髋关节稍屈。在做髋关节运动时，身体稍向前倾，但臀部不要向后翘。这两部分的动作做熟练了，可以连起来，使之形成完整的弹动与缓冲。在踝关节的缓冲时主要参与运动的是小腿后部肌群，而膝关节、髋关节的运动主要由大腿、臀部、腹部、腰部肌群参加运动。完成各关节原地的弹动训练后，再配合健美操的基本步法进行弹动训练。

竞技健美操的弹动体现在动作节奏与音乐节奏相吻合方面。成套动作过程中，重心的上、下节奏感的起伏是流畅完成成套竞技健美操动作的基础和前提。基本技术水平越高，体现出弹动的技术越扎实。学生的音乐节奏感与动作的节律协调一致，才能够体现健美操风格。弹动技术训练的主要方法如下：

1．踏步训练

首先进行一般性踏步训练——直立，由脚尖过渡到全脚掌落地，支撑腿落地时膝关节伸直，双臂屈肘于体侧，前后自然摆动。再进行弹动性踏步训练，脚尖接触地面后，踝关节有控制地过渡到全脚掌，支撑腿落地时膝关节微屈，使双腿有同时屈膝的过程，双臂屈肘于体侧前后自然摆动。

2．蹬伸训练

一脚踏在踏板上，然后用力快速向上蹬直，保持身体垂直轴的控制，双腿依次进行。

3．负重蹬伸训练

小腿绑沙包做蹬伸练习，使身体在增加负荷的情况下进行练习。两腿依次进行，反复练习。

4．负重提踵训练

单脚或双脚站在踏板上，并在踝关节绑上沙包做提踵练习，做该动作时要借助踝的力量往上提。

5．原地屈膝弹动训练

根据音乐节拍有节奏地屈伸踝、膝关节、脚尖不离地面。手臂随下肢做一些辅助动作(如叉腰或手臂同时前后摆动)。音乐节奏可采取先慢后快的方式，进行反复练习。

6．弹动纵跳训练

1～2 拍原地屈膝弹动，手臂配合下肢同时前后摆动。3 拍向上纵跳，手臂顺势上摆至上举。4 拍落地缓冲，手臂顺势下摆至体侧。

7．负重连续纵跳训练

在脚踝关节上绑上沙包，然后半蹲，手臂后摆，足蹬伸时往上纵跳，手臂顺势往上摆动，落地后屈膝缓冲紧接着继续往上纵跳，连续不断进行，落地时注意缓冲，起跳后身体收紧。

8. 踏步训练

上体直立，脚踏下时脚尖过渡到全脚掌落地，支撑腿落地时膝关节伸直，双臂屈肘体侧自然前后摆动。再进行弹动性踏步训练，脚尖接触地面后踝关节有控制地过渡到全脚掌，支撑腿落地时膝关节微屈，使双腿有同时屈膝的过程，双臂屈肘体侧自然前后摆动。

9. 弹踢训练

一条支撑腿膝踝关节弹动的同时，另一条腿有控制地进行弹踢小腿，要求膝踝关节有控制地伸展。可进行单腿不间断地弹踢，也可两条腿交替练习。在两条腿交替弹踢的过程中，支撑腿踝关节始终保持有弹性的屈伸，原地动作练得熟练且有一定弹性时，可以进行行进间的弹踢训练。

10. 吸腿跳和跳踢腿训练

吸腿跳和跳踢腿主要训练支撑腿的膝、踝关节的弹动性，支撑腿膝、踝关节发力弹动的同时，另一条腿提膝或大踢腿，支撑腿踝关节始终不完全落地，有控制地弹动，膝关节也没有完全伸直的过程，始终保持微屈的弹动状态。先连续吸或踢一条腿，之后再进行交换腿、吸腿跳和跳踢腿。

11. 开合跳训练

开合跳的弹动性体现在双腿分开与双腿并拢的两处弹动上。先做双腿开立位置上的弹动训练，再做双腿并拢位置上的弹动训练，最后做一开一合地连续开合跳练习。

12. 原地连续小纵跳训练

双脚并拢，脚跟随音乐节奏抬起落下，脚尖稍离开地面，双臂屈肘于体侧前后自然摆动，做踝关节屈伸训练。

13. 原地膝、踝关节弹动性训练

双脚并拢，脚尖随着音乐节奏抬起、落下，同时膝关节伸直、弯曲，脚跟始终不离开地面，双臂屈肘于体侧，前后自然摆动做踝关节屈伸练习。竞技健美操身体弹动技术训练时，要注意将身体弹动的节律性与音乐的节奏相吻合，弹动时还要保持标准的身体姿态。

（三）身体控制技术训练

竞技健美操整套动作过程中，无论动作多复杂和变幻，整个身体都应该控制在标准位置上。在长时间复杂多样的组合动作或难度动作过程中以及动作完成后，整个身体的标准姿势也不能被破坏，这是比赛时完成技术较量的关键。

竞技健美操身体控制技术训练包括身体姿态控制训练、操化动作控制训练与难度动作控制训练，具体如下。

1．身体姿态控制训练

竞技健美操运动中要保持身体自然挺拔，头部稍稍昂起，颈椎、胸椎、腰椎在保持正常的生理曲线的情况下要挺拔(不包括特殊动作与难度缓冲等动作)，四肢要按照具体的动作要求在相应的位置上。竞技健美操的动作千变万化，但每个动作都有具体的要求，从总体上讲，伸展时尽可能平直，弯曲时有明确的角度。身体姿态控制常采用舞蹈训练的方法，如采用芭蕾的训练方法来培养学生的躯干与四肢的正确姿态与控制能力。在训练时，应注意竞技健美操与芭蕾的区别：芭蕾要求头部是昂起的，而健美操则要求头部与躯干保持在一条直线上；芭蕾要求手臂动作出现柔和的弧线，而健美操的基本动作则要求平直；芭蕾要求双腿外开，而健美操则要求双腿保持在正常的生理位置上。

2．操化动作控制训练

操化动作过程中，无论怎样复杂多变，身体都要控制在标准、健康的位置上。即便在长时间复杂多变的步法组合过程或动作中，整个身体的标准姿态也不会被破坏，同时还要在其中体现出操化动作的力度、幅度和速度。每一个操化动作应该有清晰的开始与结束。动作开始时位置准确，结束时有明显的停顿。肌肉的用力要做到有力而不僵硬，松弛而不松懈。操化动作控制训练的方法主要如下。

(1) 剪刀跳。左右剪刀跳连续进行，身体重心始终保持左右平移而没有上下起伏。在训练时，首先双脚都不离开地面，通过双腿膝关节的依次屈伸向左右平移身体重心，然后加上跳步进行剪刀跳的训练。

(2) 原地纵跳。双脚并拢，屈膝发力向正上方跳起，双臂顺势从腰间向上摆动，落地于原起跳位置，此训练方法着重训练人体对身体重心上下移动的掌握与控制。

(3) 改变动作幅度和方向。通过改变动作的幅度和方向来提高对身体的控制。首先采用小幅度向单一方向进行练习，逐渐加大动作幅度仍向单一方向进行练习，在动作幅度的加大而不影响重心位置控制的情况下改变动作的运动方向。

(4) 改变动作数量。增加动作数量，要求每个动作都做到最后一遍身体重心控制仍保持与做第一遍动作时一样。例如，训练时要求学生做一组 8 拍组合动作，在学生掌握动作的前提下先做两遍，如果学生对身体重心的位置控制得很好，那么增加练习的组数、次数，连续做 8 拍组合四遍，后两遍组合动作的完成是为提高学生对身体姿态的控制。

(5) 改变音乐节奏。先采用节奏慢的音乐来完成组合动作，再采用节奏较快的音乐完成同样的组合动作。另外，可采用音乐节奏不变，但加快动作速度的方法。例如，用某一音乐节奏完成 1 个 8 拍动作，然后加快动作速度，仍用原音乐节奏完成 2 个 8 拍动作，以此来提高对身体姿态的控制能力。

3．难度动作控制训练

(1) 俯卧撑类。这类动作主要用力肌群在手臂、胸部、背部，肌肉要始终控制用力而把动作的起伏过程表达清楚。颈部、腰部、腹部、臀部、腿部属于辅助控制肌群，它们使身体保持正确的位置，肌肉的牵拉使机体保持一种平衡的状态。

(2) 跳跃类。跳跃动作可分为三个部分：第一部分为起跳，起跳时腿部的发力直接决定了腾空的高度与方向。腿部在瞬间屈膝蹬地，强力伸展，尽量使人体对地面的作用力达到最大值，从而产生尽可能大的反作用力。第二部分为空中姿态的控制。空中姿态是多姿多彩的，肢体运动部位的发力要与其他部位协调配合与控制，如转体 540° 成俯撑，在空中时手臂、肩、髋、腿、脚要同时向旋转方向内扣，使身体产生旋转力，同时也可以很好地控制转体的角度与方向。第三部分为落地缓冲，主要目的是减少地面对关节、肌肉、内脏的冲力，避免造成损伤与动作失败。竞技健美操的落地动作主要如下。

1) 双腿同时落地或单腿落地。这类落地主要由腿支撑与缓冲，落地过程为：脚尖—全脚—屈膝—屈髋，在瞬间依次完成，用以分解地面对人体的反作用力。同时，躯干与手臂保持好姿态，肌肉用力控制以保持动作的正确与稳定。

2) 落地成俯撑。这类动作必须手脚同时落地，以加大支撑面，同时手臂从手指—手掌—肘—肩弯曲缓冲。胸、背肌的用力收缩在缓冲中的作用是不容忽视的。

3) 落地成叉。双腿由脚带动向两侧快速分升，腿必须伸直，有控制的滑叉，以免对膝关节造成损伤，绷脚可减少摩擦力，同时手臂可以辅助支撑加大支撑面，保证落地的稳定性。

(3) 平衡动作。

平衡动作主要有静力性平衡与动力性平衡两种，都由主力腿(支撑腿)与动力腿(运动的腿)为主参与动作。主力腿在动作中起着稳定重心与支撑身体的作用，重心和主力腿纵向保持一致，用以稳定身体保证动作的平衡。动力腿是展示动作的部分，它的形态要正确与完美，且双腿需协调配合。

(4) 转体翻转动作。

技术环节是身体垂直轴与水平轴的建立与控制，转体轴主要是腿、躯干、头部的组合，这些部位应该始终保持在一条直线上。转体与翻转的动力来自于身体两侧，这些部位包括手臂、胸、背、髋、腿，它们同时反向收缩并带动身体产生旋转力。

(四) 移动重心训练

竞技健美操运动过程要稳定，平衡是保证运动安全、平衡与流畅的重要因素之一。重心随着人的运动产生变化，运动中应尽可能地保持重心平稳。以下是重心训练的一些练习方法。

(1) 半蹲移重心练习。双手叉腰成半蹲姿势。第 1 拍向左移重心，屈膝，膝关节朝着脚尖的方向，同时右腿蹬直；第 2、4 拍还原成预备姿势；第 3 拍向右移重心，动作同第 1 拍，但方向相反。做此练习时要求上体保持基本姿势，挺胸、收腹、立腰紧臀。

(2) 向前移重心练习。双手叉腰，立正站好。左腿前擦地，右腿蹬地重心迅速前移成右腿后点地。收右腿还原成预备姿势。反方向重复做一次。做此练习时，双腿伸直，蹬地移重心。保持上体姿态，脚面外翻。

(3) 向侧移重心练习。双手叉腰，立正站好。左腿侧擦地，右腿蹬地重心迅速侧移成右腿侧点地。收右腿还原成预备姿势。反方向重复做一次。做此练习时，双腿伸直，蹬地移重心。保持上体姿态，脚面向侧。

(4) 向后移重心练习。双手叉腰，立正站好。左腿后擦地，右腿蹬地重心迅速后移成右腿前点地。收右腿还原成预备姿势。反方向重复做一次。做此练习时，双腿伸直，蹬地移重心。保持上体姿态，脚面外翻。

(5) 向侧移重心转体练习。双手叉腰，立正站好。左腿擦地侧移，双腿屈膝半蹲。从右向左后转成右脚侧点地。收右脚成预备姿势。反方向重复做一次。做此练习时，保持挺胸、收腹、立腰、立背的上体形态。双腿伸直，蹬地移重心。保持上体姿态，脚面外翻。移重心转体要控制重心的稳定，脚面向侧。

(6) 交叉步移重心练习。双手叉腰，立正站好。第1拍左腿向侧擦地；第 2 拍右腿蹬地同时重心左移，右腿交叉于左腿后，两腿四位蹲；第 3 拍两腿伸直，左腿向侧擦地；第 4 拍右腿蹬地同时重心再一次左移，右腿并左腿成预备姿势；第 5～8 拍反方向再重复做一次。做此练习时，上体保持基本姿势，向侧擦地时，双腿伸直，脚面向侧。

(7) “V”字步移重心练习。双手叉腰，立正站好。第 1 拍左腿向斜前方擦地，着地后双腿屈膝；第 2 拍右腿蹬地向斜前方擦地，成半蹲姿势；第 3 拍左腿向右后方擦地；第 4 拍右腿并左腿成预备姿势；第 5～8 拍反方向重复做一次。做此练习时，上体保持基本姿态，每做一拍动作，重心都将移至双腿之间，屈膝时膝关节朝着脚尖方向。擦地时注意绷脚尖。

(8) 并步跳移重心练习。左脚前三位站立双臂侧举。左脚向前上步，同时稍屈膝，重心随之前移。接着左脚蹬地跳起，同时右脚向左脚并拢，空中成三位脚，右脚落地。做此练习时注意保持好上体姿态，挺胸、收腹、立腰，控制好重心。

(五) 与同伴的配合与交流训练

1. 配合训练

进行配合训练时，应先采用一些比较简单的专业辅助性练习，增加学生之间的默契感。如先做简单的舞步配合练习和简单的动力性配合，然后逐渐加大难度进行训练。默契感的形成依靠学生平时的相互了解。

训练时注意，配合训练前期主要进行学生间的默契感训练。当学生之间的默契感形成后再进行专业的配合训练。进行配合训练时，教师应注意保护和帮助，先在垫子上完成，直到学生配合成功率较高时再到地面上完成，以防止学生受伤。

2. 交流训练

先要进行音乐情绪表达的一致性训练。学生们听到音乐后，通过自己理解的与音乐情绪相符的目光将音乐的内容表达出来，尽可能达到目光与音乐情绪相一致。然后进行学生之间的目光交流，学生们相互观看表演，了解同伴的特点，统一表演风格。在进行成套动作训练时，加强学生间的目光交流，以丰富成套动作的内涵。当学生之间可以进行一定的目光交流时，可组织观众观看，训练学生与观众的交流。

三、动作方位训练方法研究

(一) 动作方位的定义和意义

动作方位是指动作在完成过程中相对于空间和身体部位的方向和位置。提高学生的动作方位也就是要提高学生空间感的准确性。竞技健美操作为大学体操科的一种，可以沿用体操中动作坐标系来判断动作方位，帮助学生分析动作完成的角度和方向的准确性。在训练时，应该明确每个动作在完成过程中，如手臂所走的平面、角度和高度，下肢的站位和空间位移的角度、弧度、高度等，这样才能准确完成每一个动作，使动作标准规范。动作方位对于完成成套动作中的每一个动作都是十分重要的，竞技健美操中强调动作“准确到位”，就是指动作方位的准确性。竞技健美操基本动作的方位控制不仅表现在肢体准确地到达某一预定位置，而且表现为动作过程路线的准确清晰。动作方位的控制能力体现着学生自身对空间位置及运动时间的感知能力。许多观点认为，多次重复训练能够有效地提高人体对时间和空间的感知能力，形成准确的方位控制能力。

（二）动作方位训练

1．镜面方位校对性训练

在竞技健美操运动中，镜面方位校对性训练不仅是指学生面对镜子练习动作的准确性，也指学生相互或面对教师完成操化动作的训练。镜面方位校对性训练可以清楚、准确地帮助学生建立正确的动作方位感，使学生对自己容易犯错的动作角度、高度、弧度和方位有清晰的认知，这样可以及时纠正和调节学生的方位错觉，使学生在较短的时间内提高动作的准确性，建立标准的方位感。

2．定位训练

定位训练在竞技健美操运动中，是指学生在训练操化动作的过程中，对每一拍上肢动作和下肢动作都要求达到规定位置的训练。开始训练时可放慢动作节奏，使学生充分感觉动作在规定位置的感觉，等学生能够习惯性的达到定位点后，再加快动作节奏直至比赛要求的速度。此外，教师还可以在定位点设置障碍物帮助学生建立方位感。定位训练容易出现僵硬的动作和机械式的动作，所以定位训练应该注意调动学生的动作表现力，在定位中强调动作发力和制动的感觉。

3．正确的感知训练

动作是否准确到位的一个决定因素在于学生动作感知的准确性，学生形成正确的感知是完美完成动作的先决条件。在日常训练中，正确的感知训练首先是让学生对动作的方位建立一个准确的表象，对每个动作的每个环节都形成清晰的表象，再通过支配身体具体部位在自我感知的情况下完成动作，最终以镜面校对检查自我感知的准确性。通过反复训练学生的这种正确方位的感知能力，可以使学生的神经支配肌肉的能力更准确、精细，从而提高学生的神经支配肌肉的能力。

四、动作幅度训练方法研究

（一）动作幅度的定义和意义

动作幅度是指动作构成的空间位置，体现为动作的开始和结束之间的动作路线的长短。动作路线长，动作幅度相应增大；动作路线短，动作幅度相应减小。动作幅度的大小取决于学生关节、韧带和肌肉的灵活性与弹性，其次与动作路线选择和学生个体的表现力也有着直接的关系。

竞技健美操属于技能主导类表现健美类项目，所以对动作的规范性和艺术性要求很高。动作幅度是体现艺术性的一个重要组成部分，在竞技健美操竞赛规则中，明确指出“竞技健美操的动作完成质量取决于心血管系统耐力和肌肉耐力，成套动作完成质量决于运动强度”。而强度又取决于动作幅度、动作速度等各种因素。在比赛中，出现动作幅度减小而降低动作强度是要扣分的。因此，提高动作幅度是表现竞技健美操项目的重要因素。

（二）运动幅度训练

1．皮筋训练法

(1) 上肢动作训练。

1) 腕屈伸。双腿站在橡皮筋中央，双手握住橡皮筋两头，侧举，拉紧橡皮筋。腕屈时，拳心向上，双手克服橡皮筋的拉力向上屈；腕伸时，拳心向下，双手克服橡皮筋的拉力向上伸。腕屈伸训练可发展前臂肌肉力量。腕屈伸训练应注意拳心的方向，使屈伸方向与橡皮筋拉力方向相反。

2) 腕外展内收。双腿站在橡皮筋中央，双手握住橡皮筋两头，侧举，拉紧橡皮筋。外展时，立拳，拳心向前，手腕用力方向与拉力方向相反；内收时，立拳，拳心向后，手腕用力方向与拉力方向相反。腕外展内收训练可发展前臂肌肉力量。

腕外展内收训练应注意手腕与前臂在同一平面内运动。

3) 臂外展。双腿站在橡皮筋中央，双手握住两头，双臂放于体侧，拉紧橡皮筋，双臂经体侧向上运动，再放下。臂外展运动时发展三角肌、胸大肌等肌肉力量。臂外展训练应注意两臂始终与身体在同一平面内。向上和放下的速度应有所控制，匀速上下。

4) 前臂屈伸。双腿站在橡皮筋中央，双手握住两头，放于体前，拉紧橡皮筋，上臂固定，前臂屈，再伸至原位。前臂屈伸训练可发展肱二头肌、肱三头肌等肌肉力量。前臂屈伸训练应注意上臂应固定，不可跟随前臂运动，以免影响锻炼效果。运动速度应有所控制，匀速屈伸。

5) 上臂屈伸。双腿站在橡皮筋中央，双手握住两头，双臂放于体侧，拳心相对。臂屈时，直臂向前抬起，拉紧橡皮筋，再放下；臂伸时，直臂向后抬起，拉紧皮筋，再放下。直臂屈伸训练可发展胸大肌、肱二头肌等肌肉力量。上臂屈伸训练应注意臂屈伸时，向前屈和向后伸的幅度应尽量增大，以增加训练效果。此外，运动速度应有所控制，匀速运动。

(2) 腹背部动作训练。

1) 体侧屈。双腿分开站在橡皮筋中央，一只手握住橡皮筋一端，另一只手放松于体侧，拉紧橡皮筋。上体向另一侧屈，还原，再换另一只手握住橡皮筋练习。体侧屈训练可发展腹直肌、腹外斜肌、腹内斜肌肌肉力量。体侧屈训练应注意两腿伸直，身体和手臂在同一平面内。

2) 体前屈。双腿分开站在橡皮筋中央，橡皮筋经体后至头后，双臂屈肘，头后握住橡皮筋两头，上体向前屈，再起来。体前屈训练可锻炼腹背肌力量。体前屈训练应注意双腿伸直，上体向上起时运动速度不可太快，应有控制地匀速上下。

(3) 下肢动作训练。

双腿分开站在橡皮筋中央，橡皮筋经体后至头后，双臂屈肘，头后握住橡皮筋两头，拉紧橡皮筋，双腿屈膝下蹲，再站起。下蹲动作可发展臀部、腿部力量。下蹲训练应注意下蹲时橡皮筋拉紧，腰腹收紧，下蹲速度应有所控制，不可太快。起来时可加快速度。

2．不同幅度的动作组合训练

提高运动幅度的训练首先应该使学生明确动作幅度大与动作幅度小的区别，体会和理解这种区别是提高运动幅度的关键。在具体的操作过程中，一般选择不同运动幅度的操化动作进行反复多次的重复性的练习，以提高学生的运动幅度。同时，应该注意的是，在训练过程中，教师应该强调，使学生尽量体会大幅度运动的动作知觉，体会完成大幅度动作的过程，体会正确的动作路线以及各关节、肌肉和韧带或关节撑拉和伸展程度，建立大幅度运动的正确动作路线和关节韧带的牵拉程度动作知觉，从而提高运动幅度。动作幅度小，对机体的刺激会较小，而较大幅度的动作会给机体较大的刺激，运动强度也较大，所以，在学生完成同样的动作时，动作幅度小则感觉会轻松，而动作幅度大则感觉会比较吃力。通过大小运动幅度给机体产生刺激的不同以及完成同样动作后的感觉的不同，使学生充分体会大小运动幅度的差异，以加深学生对大幅度运动的感觉，有效提高运动幅度。

3．身体柔韧性训练

竞技健美操运动幅度的大小与学生各关节的柔韧性也有着密切的联系，加强柔韧性训练是提高运动幅度的有效方法之一。提高运动幅度的训练中主要以发展肩关节、髋关节的柔韧性为主。通常采用的训练方法有以下几种。

(1) 发展上肢柔韧性训练方法。

1) 各种徒手体操中活动肩、肘、髋关节的动作。

2) 双手向后握肋木向前探肩。

3) 双手握肋木直臂压肩。

4) 与同伴互扶俯身正侧压肩。

(2) 发展下肢柔韧性训练方法。

1) 正压腿。支撑腿脚尖朝正前方，膝关节伸直，髋关节摆正，抬头挺胸屈上体。

2) 侧压腿。支撑腿脚尖膝盖所朝方向与被压腿方向成 90°，膝关节伸直，髋关节充分展开，抬头挺胸侧屈上体。

3) 后压腿。髋关节摆正，屈支撑腿，抬头挺胸上体后仰压胯。

4) 劈叉控腿。左腿在前或右腿在前，以劈叉的姿势保持不动，控制 5 分钟。练习水平高者可架高劈叉控腿。

(3) 发展躯干柔韧性训练方法。

1) 体侧屈。双脚并拢或开立与肩同宽，双手举起于头顶上互撑，由手带动躯干侧屈直到最大极限，保持该拉伸状态 10 秒。

2) 体后屈，双手握肋木，双脚并拢或开立与肩同宽，抬头挺胸上体后仰到最大限度位置保持 10 秒。

3) 体转。双脚并拢或开立与肩同宽，双肩侧平举，向左转动时以左肩带动躯干左转到最大限度控制 10 秒，向右转动时以右肩带动躯干右转到最大限度保持 10 秒。

五、动作速度训练方法研究

(一) 动作速度的定义和意义

动作速度属于速度素质的一种，是指人体或人体的某一部分快速完成某一个动作的能力。动作速度是技术动作不可缺少的要素，表现为人体完成某一技术动作时的摆动速度、击打速度、踢腿速度和蹬身速度等，也包括连续完成单个动作在单位时间里的位移或重复次数的多少。

竞技健美操中，强调动作速度训练，主要是提高学生快速发力的动作感，也是提高成套运动强度的主要环节。竞技健美操中，动作速度主要表现在动作完成的快慢和动作发力的快慢。动作速度是在完成动作的过程中得以体现的，而动作力度不仅体现在过程中也体现在完成动作的瞬间制动上。

(二) 动作速度训练

1. 利用外界助力提高动作速度

在进行基本的竞技健美操动作训练过程中，教师可利用外界助力提高学生完成某一动作的速度，然后使学生体会快速运动的动作感觉。教师在使用助力训练时，应该掌握好提供助力的时机以及用力的大小，同时，应该使学生体会在助力作用下，动作完成的时间和用力的大小，以便更好地帮助他们独立达到动作速度的要求。

2．变奏训练

变奏训练是指通过改变音乐节奏，使学生同步进行动作练习，体会快节奏完成动作与慢节奏完成动作的训练方法。训练中，应该注意的是学生在较快节奏下动作容易变形，或者动作表现力降低，因此，健美操教师应该在训练中注意及时提醒学生完成动作的质量。变奏训练的另一层意思是音乐速度没有变化，改变动作的练习速度，或将高速度动作练习与变换速度练习的动作结合起来，这种训练避免动作停留在同一稳定的速度水平上。

通常可以将变换节奏训练法分为以下两个阶段。

(1) 阶梯式负荷增加阶段。通过逐渐提高负荷强度，发展机体的运动机能和运动素质工作强度，并对运动技术形成稳定的动力定型。负荷以音乐速度为单位，在以周为时间单位下表现出斜线上升的趋势，为允许跳跃式的变换负荷强度做好全面的训练准备。

(2) 跳跃式负荷变化阶段。通过跳跃理想速度的固定定型模式，采用突然增加负荷的方法，对机体给予强烈的刺激后再恢复到理想速度，使学生承受负荷的能力产生突破性提高，同时使机体掌握肢体姿势控制技术，提高控制能力。

综上所述，变奏训练法整体负荷量度变化基本形式表现为：阶梯式和跳跃式负荷形式的结合，在负荷量相对稳定的情况下，通过改变负荷强度训练来实现训练效果，逐步增加负荷强度到某一水平上，使肌体承受一种逐步提高的负荷刺激；然后突然增加到超高水平的负荷，使肌体的承受能力达到一个新的水平；最后保持一段比赛需要负荷水平，使机体对这一负荷产生必要的适应。变奏训练法是适应负荷原则在竞技性健美操训练中的运用，结合该项目特点，使有机体对运动负荷产生一个适应的过程，以巩固和提高学生的基本动作技术。

3．高频重复性训练

高频重复性训练是指学生在规定的时间内高速重复具体动作的训练。如果说高速度训练是提高学生速度素质的一般训练，那么高频重复性训练是针对提高具体动作的速度训练。在竞技健美操比赛中，经常会看到一些学生有个别动作总是速度过慢，那么进行高频重复性训练则是解决此类问题的最好方法。高频重复性训练要求教师规定具体动作训练时间，要求学生以重复速率的提高为标准提高学生的具体动作的运动速度。重复性训练并不是对质量没有严格要求，而是强调每次重复都应该使学生在原有的基础上通过对动作技术和对运动路线的熟悉，最终达到高质量自动化完成的效果。

4．高速度训练

高速度训练各种操化动作是有效提高学生动作速度的措施之一。但要注意，首先，应该调动学生的兴奋性，同时采用较强劲、快节奏的音乐来调动学生的热情；其次，这种训练方法不应该持续时间过长，一般保持在 30 秒，注意间歇时间为 45 秒(也不应太长)，否则学生的兴奋性会下降，不利于后面的训练。此外高速度训练，因速度强度大，容易疲劳，动作幅度容易减小，动作容易变形，因此应该进行积极纠正。

六、动作力度训练方法研究

(一) 动作力度的定义和意义

1．动作力度的定义

动作力度是指完成动作过程中按照动作的要求和用力的紧张程度，指肌肉收缩与放松相交替的节奏，在技术上表现为动作的加速与制动。一般由于学生的形态特征、身体素质、技术水平、个性特征的差异，动作力度在个人的体现上不是统一的，它没有一个固定的衡量标准。

2．动作力度的意义

竞技健美操集“健”与“美”为一体，“美”是通过动作的舒展、协调和动作的准确到位来体现的，而“健”则是通过动作的刚劲有力、快速舒张、收缩和制动的动作感觉来体现的。如果学生力度不够，成套动作就会显得软弱无力，也就失去了竞技健美操的活力与生机。在成套动作中强劲的音乐节奏配合充满力度与感染力的动作，才能体现朝气蓬勃、激情四射的竞技健美操特色，可见动作力度赋予竞技健美操生机与活力，是衡量竞技健美操项目特征的标准之一，也是体现竞技健美操风格与特色的重要标志。

(二) 动作力度训练

1. 语言刺激训练法

在竞技健美操的动作训练中,每个动作的力度是体现健美操特征的重要方面。运用语言的刺激给予强化,如在做动作的过程中,肌肉的“用力”“控制力”“对抗”“力度”等以语言的形式进行强化，给学生以“刺激”，使神经系统和肌肉运动系统协调一致。

2. 协助训练法

协助训练是最直接的指导训练，适用于运动初期建立动作感知能力。这种方法主要是通过教师对学生即将完成的竞技健美操动作进行控制和调整，纠正其动作的用力大小、速度、方向以及动作制动时机掌握的准确性。例如，在做“左臂上举，右臂前举”动作时，为了使学生快速有力地摆至标准位置制动，教师可用双手握住学生的手腕带动其摆动，并使学生体会到位后制动的肌肉用力的感觉，也可以借助哑铃来练习，根据学生的体重举起与其体重适宜重量的哑铃，以提高肌肉的感受力。同时，也可以采用标准位置的限定训练，教师可采用将双手放在前举位置和上举位置或用线绳等其他物品来代替的方式，让学生双臂摆动到该位置快速制动，反复练习可以提高学生对动作的感受力。

3. 对抗训练法

这是一种可由单人或多人进行的一种对抗阻力的训练方法。在竞技健美操训练中，采用两人一组的练习方式进行“用力与对抗”的练习方法，如一名学生做两臂前举练习时，另一名学生使其两臂前举受阻或减慢前举的运动速度，使参与练习的学生感受两臂前举时肌肉的对抗感觉。

4．负重训练法

适宜重量的哑铃在规定的时间内完成一定次数的屈、伸、摆、绕环等动作类推到其他动作练习上，可以提高肌肉运动感觉。在竞技健美操的训练实践中，采用 10～15RM(也可以采用体重比，选择负重的重量)的重量连续做各种举、屈、伸等动作，既可以提高学生的力量素质，也可以更有效地提高学生完成动作的力度。负重训练的强化练习，可以选择在不同音乐节奏的伴奏下进行各种基本动作的练习，同时，学生可以站在镜子前纠正动作。这样既可以帮助学生理解音乐，也可以有效提高学生的动作力度感。

5．表象训练法

经过协助训练阶段就进入了表象训练法阶段。表象训练就是回忆协助训练的过程，是在不借助外力帮助的情况下，学生依靠自己对动作感受能力的记忆，准确判定动作的发力顺序、动作速度、动作的方位以及动作制动。表象是在头脑中想象动作训练的过程，回忆训练的画面，动作用力的感觉。长时间的表象训练对于提高学生的力度感有非常明显的效果。在表象训练时，需要注意的是教师应该及时纠正学生的错误表象，否则就会出现负诱导的作用。教师应该及时用口令或提示，如“用力再大些”“节奏再加快点”或用手帮助学生协调用力。表象训练的同时也可穿插一些镜面练习的训练，使学生形成一个正确的运动表象。

七、基本组合动作训练方法研究

(一) 上肢组合训练

1．组合练习一

第 1 拍双臂经体前交叉向外绕至侧上举；第 2 拍双臂握拳胸前交叉；第 3 拍向侧打开成侧举，五指分开，掌心向前；第 4 拍左臂前平举，五指分开掌心向上，右臂屈肘，五指分开放于头后；第 5～6 拍两臂从下向内绕环至头上击掌；第 7

拍双臂侧平举，同时前臂握拳向上屈肘并成 90°；第 8 拍还原成预备姿势。

2．组合练习二

第 1 拍双臂前举，五指并拢掌心相对；第 2 拍右臂前举同时前臂向上屈肘并成 90°，手形不变，左臂胸前平屈，同时五指并拢搭于右上臂肘关节处：第 3 拍左臂侧平举右臂胸前平屈，五指并拢掌心向下；第 4 拍双臂前平举交叉，右臂在上；第 5 拍左臂后举，五指并拢掌心向内。右臂握拳前举，同时前臂向上屈肘并成 90°；第 6～7 拍向内绕环胸前叠屈，右臂在上左臂在下；第 8 拍还原成预备姿势。

3．组合练习三

第 1 拍左臂前上举，右臂前下举，五指并拢掌心向内；第 2 拍双臂胸前平屈，五指并拢掌心向下；第 3 拍双臂向侧打开成侧举，五指并拢掌心向下；第 4 拍左前臂向上屈肘，右前臂向下屈肘，五指并拢掌心向内，前臂与上臂成 90°；第 5 拍动作同第 4 拍，方向相反，左臂向下，右臂向上：第 6 拍胸前击掌；第 7 拍左臂侧下举，右臂侧上举；第 8 拍还原成预备姿势。

4．组合练习四

第 1 拍双臂体前交叉经前举至左臂侧举，右臂胸前平屈，五指并拢掌心向下：第二拍左臂上举，右臂放于体侧，五指并拢掌心向内；第 3 拍双臂交换位置，左臂上举，右臂下举；第 4 拍左臂不动，右臂往下拉并屈肘，前臂位于胸前，腕关节与肩同高，五指分开掌心向后；第 5 拍双臂侧下举，五指分开掌心向前；第 6 拍双臂握拳胸前交叉；第 7 拍左臂屈肘向侧打开，手位于头上方，右臂侧举，五指分开掌心向下；第 8 拍还原成预备姿势。

（二）下肢组合训练

1．组合练习一

第 1 拍左脚向侧迈步；第 2 拍右脚蹬地交叉于左脚后，同时重心左移；第 3 拍左脚继续向侧迈一步同时半蹲，重心在左腿上；第 4 拍左脚蹬地跳起，腿伸直，右腿蹬伸向侧踢；第 5 拍右腿收回向前迈一步；第 6 拍重心前移吸左腿；第 7 拍左腿向侧点地成侧弓步；第 8 拍还原成预备姿势。

2．组合练习二

第 1 拍前半拍往下半蹲，后半拍双脚蹬伸，重心左移，左腿支撑，右腿伸直离地；第 2 拍右脚向上迈一步，重心移至右腿上；第 3 拍跳起成开合半蹲；第 4 拍跳成站立姿势；第 5 拍跳起成左脚前点地，脚跟着地，重心在右腿上；第 6 拍跳成右脚侧点地，脚跟着地，左腿稍屈膝；第 7 拍分腿半蹲原地跳一次；第 8 拍还原成预备姿势。

3．组合练习三

第 1～2 拍右脚向前做一个并步跳：第 3～4 拍右脚向前迈一步，左脚蹬地并右脚屈膝准备起跳；第 5～6 拍双脚蹬地起跳，腾空时前腿屈膝叠小腿，后腿伸直尽量后摆，并腿缓冲落地；第 7 拍蹬地跳起成右脚侧点地，左脚稍屈膝，头向左侧倒；第 8 拍还原成预备姿势。

（三）上下肢组合训练

1．组合练习一

第 1 拍双脚蹬地跳起重心前移，右脚支撑，左脚后伸，同时左手经腰侧向前成前举，五指分开掌心向上，右手屈肘掌位于头后；第 2 拍左脚顺势前摆着地，重心前移，右脚脚尖点地，左手上举，右手位于体侧，五指并拢掌心向前；第 3 拍分腿半蹲，双臂胸前平屈；第 4 拍并脚站立，左臂后举，右臂屈肘，上臂紧贴身体，五指并拢掌心向内；第 5～6 拍开合跳一次，双臂向内绕环至胸前叠屈；第 7 拍左脚向前成弓步，左臂前举，前臂与上臂成 90°，右臂后摆，同时双手握拳；第 8 拍右脚并左脚还原成预备姿势。

2．组合练习二

第 1 拍左脚抬膝左臂屈肘，左前臂尽量靠近上臂，上臂紧贴身体，右臂上举，五指分开，左手掌心向后，右手掌心向内；第 2 拍左脚后伸成弓步，左臂成前举，掌心向上，右手屈肘，掌置于头后；第 3 拍左脚向侧跨步成侧弓步，双手相握置于左侧屈肘，身体面向斜前方，头面向正前方；第 4 拍右脚屈膝后抬，左脚稍屈膝支撑，左臂屈肘，掌置于头后，右臂伸直，五指分开掌心向后；第 5 拍重心右移成半蹲，双手置于大腿偏上部，屈肘同时肘关节向外；第 6 拍并脚提踵立，同时双臂直臂头上击掌；第 7 拍双脚蹬地，重心右移，左脚向侧伸直离地，右脚支撑，左臂侧下举，右臂侧上举；第 8 拍还原成预备姿势。

第二节　竞技健美操难度动作训练方法

一、俯卧撑类难度动作训练方法研究

（一）双臂俯卧撑难度动作训练

1．逐层降低高度训练法

距肋木 1 米，直体前倾，双手撑在与胸部同高的墙上，摆好俯卧撑的标准姿势。进行俯卧撑练习。然后双手所撑的位置和重心随能力和力量的提高而逐渐下移。在每个位置的动作要标准，腰腹及臀部肌肉收紧，身体保持一条直线，直到手撑地做标准俯卧撑为止。不论在哪个位置训练，练习时身体要成一条直线。

2．跪撑俯卧撑训练法

膝关节跪地、小腿并拢(或交叉)、上体为标准俯卧撑姿势。进行俯卧撑练习，然后两腿向后伸直，上腿必须并拢，前脚掌着地，做标准俯卧撑。在练习时腰腹要收紧，身体成一条直线。

3．下肢抬高训练法

双脚放在高于地面的物体上，双手撑地做标准俯卧撑，腰腹及臀部肌肉收紧，身体保持在一条直线上，逐步加抬高双脚的高度，来增加完成动作难度，提高完成

标准俯卧撑的能力。动作过程中，身体重心不要太向前，要始终保持在腰腹部位。

4．臂间距缩小训练法

首先双手稍宽于肩撑在地上进行俯卧撑练习，然后双手的间距逐渐缩小进行练习。使动作的幅度逐渐增大，肌肉刺激深度逐渐增加，直至标准俯卧撑要求的臂间距离。

（二）单臂俯卧撑难度动作训练

1．标准俯卧撑控腹训练

标准俯卧撑预备开始姿势，双脚并拢，两双臂距离与肩同宽，腰腹肌、臀部肌肉收紧，整个身体保持一条直线。保持这个动作姿势一段时间，在此基础上两脚蹬地使重心向前，提高控制身体的难度。

2．下肢抬高控腹训练

双臂距离与肩同宽，双手撑地做标准俯卧撑预备开始姿势，双脚并拢放在高于地面的物体上，腰腹及臀部肌肉收紧，身体保持一条直线。然后逐步加抬高双脚的高度，来增加完成动作难度，提高腹肌控制能力。动作过程中，身体重心不要太向前，始终保持在腰腹部位。

3．抗阻力控腹训练

标准俯卧撑预备开始姿势，双脚并拢，双臂距离与肩同宽，腰腹肌、臀部肌肉收紧，整个身体保持一条直线，保持这个动作姿势一段时间，在此基础上可在身体背部增加阻力，如加放一些杠铃片或其他重物，以增加控制身体的难度，提高身体控制能力。

4．单臂双腿支撑控腹训练

双脚分开距离与肩同宽，单臂着地支撑身体，支撑臂肘关节伸直，自由臂动作不限，腰腹肌、臀部肌肉收紧，整个身体保持一条直线，保持这个动作姿势一段时间，在此基础上可双脚蹬地使重心向前，提高控制身体的难度。

5．单臂单腿支撑控腹训练

两脚分开距离与肩同宽，单臂、单腿着地支撑身体，支撑臂肘关节伸直，自由臂动作不限，腰腹肌、臀部肌肉收紧，整个身体保持一条直线，保持这个动作姿势一段时间。

6．动态控腹训练

双臂距离与肩同宽，双手撑地做标准俯卧撑预备开始姿势，双脚并拢放在健身球上，腰腹及臀部肌肉收紧，由于健身球的特定形状决定其动态练习的特点，身体必须收紧并保持一条直线，使身体的控制能力得到提高。也可以在身体背部增加阻力，如加放一些杠铃片或其他重物，来增加动作难度，提高腹肌控制能力。动作过程中，身体重心不要太向前，始终保持在腰腹部位。

（三）倒地难度动作训练

1．落地缓冲训练

(1) 跪撑前倒缓冲落地练习。让参与训练的学生双膝跪在垫子上，上体自由倒地成俯撑，体会手臂屈肘缓冲的用力感。上体下落时注意收腹立腰，在双手着地瞬间，五指首先着地然后由手指尖迅速过渡到全手掌。

(2) 跪撑俯卧撑击掌练习。膝关节跪地、小腿交叉(或并拢)、上体为标准俯卧撑姿势开始，双臂距离同肩宽，肘关节弯曲下降时，腰腹要收紧，身体成一条直线，肘关节快速推起，在空中完成一次击掌，然后落地成俯卧撑，体会手臂屈肘缓冲的用力感，在双手着地瞬间，五指首先着地然后由手指尖迅速过渡到全手掌。

(3) 小跳起双手触脚缓冲落地练习。身体直立开始，向上小跳，同时上体前屈，双手触击双脚后，迅速展开身体，双手双脚同时着地，成俯卧撑，落地时，身体必须夹紧，头与脊柱呈一条直线，双手触到地面再屈肘缓冲，在双手着地瞬间，五指首先着地然后由手指尖迅速过渡到全手掌。

2．自由倒地训练

(1) 距墙半米，双脚并拢面对墙站立，身体夹紧，头与脊柱呈一条直线收紧，脚跟提起重心前移，倒向墙面，在双手着墙瞬间，五指首先着地然后由手指尖迅速过渡到全手掌，同时体会手臂屈肘缓冲的用力感。

(2) 逐渐增大与墙的距离至无法靠墙练习。

(3) 开始自由倒地练习，首先可在垫子上进行练习，防止学生缓冲落地技术掌握不好造成受伤的状况，同时保护者要注意保护好学生的腰腹部，随着学生的逐渐进步，可适当降低垫子的厚度直至在地面进行练习。

3．跳转 360°成俯撑训练

(1) 跳转 360°。学生双脚同时向上垂直跳起，空中转体，落地注意缓冲，使学生充分体会转体的动作。转体角度由转体 90°逐渐增大到 360°。

(2) 双人对抗。教师在学生后面扶住其腰，学生向上跳，教师向下发力与其对抗，并帮助其保持平衡，适当的时候可以松手，如果学生跳起来落脚的地点不是原起跳地点，那么还应该帮助其练习。

(3) 俯撑。身体直立开始，向上小跳，同时上体前屈，双手触击双脚后，迅速展开身体，双手双脚同时着地，成俯卧撑状态，落地时，身体必须夹紧，头与脊柱呈一条直线，双手触到地面再屈肘缓冲，在双手着地瞬间，五指首先着地然后由手指尖迅速过渡到全手掌。

(四) 俯卧撑倒地难度动作训练

1．侧倒俯卧撑训练

(1) 俯卧撑控制。身体俯卧，双腿并拢，重心前移，脚背着地，收腹含胸抬头，臀部夹紧：双手略微内扣，肘关节外开；身体向下至肩关节与肘关节平行，身体姿态保持不变。随着上肢力量的增强，控制的时间可增长。

(2) 分解练习。①身体俯卧，双腿并拢；②重心前移，脚背着地；③收腹含胸抬头，臀部夹紧；④两手略微内扣；⑤肘关节外开；⑥身体向下至肩关节与肘关节平行，身体姿态保持不变；⑦侧倒，身体重心移至侧倒臂，控制 5 秒；⑧还原至俯撑状态，但不推起，身体姿态保持不变，控制 5 秒；⑨再侧倒，重复前面动作，动作要领相同；⑩重复几次后再推起。随着掌握程度的提高，控制时间和重复次数也随之增加。

2. 单臂单腿侧倒俯卧撑训练

(1) 自由臂扶地。身体俯卧，双腿分开与肩同宽，抬头、含胸、收腹。单臂、单腿支撑身体，支撑手略微内扣，肘关节外开；自由臂轻扶地面；身体向下时，身体姿态保持不变，自由臂分担支撑身体重量；随着上肢力量的逐步增强和技术动作熟练程度的提高，自由臂慢慢伸直，直到最后脱离地面。

(2) 同伴辅助练习。身体俯卧，双腿分开与肩同宽，抬头、含胸、收腹。单臂、单腿支撑身体，支撑手略微内扣，肘关节外开：自由臂侧平举或扶于腰部；辅助队员扶住学生的腰腹部，给予学生适当的助力，使学生能充分地、正确地完成技术动作。随着学生上肢力量的逐步增强和技术动作熟练程度的提高，辅助队员可逐步减少对学生的帮助。

3. 单臂分腿侧倒俯卧撑训练

(1) 单臂俯卧撑控制。俯卧，双腿分开与肩同宽，抬头、含胸、收腹。单臂、双腿支撑身体，支撑手略微内扣，肘关节外开；自由臂侧平举或扶于腰部；身体向下至肩关节与肘关节平行，身体姿态保持不变；随着上肢力量的增强，控制的时间也可增长。

(2) 斜板练习。身体斜面俯卧；双腿开立与肩同宽，抬头、含胸、收腹；单臂支撑身体，支撑手略微内扣，支撑手支撑于斜板上；肘关节外开；自由臂侧平举或扶于腰部；身体慢慢向下，侧倒，重心移至侧倒臂；身体移回中心位子，但不推起，重复 5 次侧倒至还原的动作，保证身体姿态不发生改变；随着上肢力量的逐步增强和技术动作熟练程度的提高，斜板的倾斜度可以逐步降低，直至独立完成动作。

(五) 俯卧撑腾起难度动作训练

1. 俯卧撑腾起训练

俯卧，双腿并拢，含胸、收腹、抬头，双臂双脚支撑身体，俯卧撑姿势向下，身体姿态保持不变。双臂用力推起身体，胸前击掌，双脚不离开地面，身体姿态不发生改变，身体还原到俯卧撑姿势。随着学生上肢力量和腰腹肌力量的加强和技术动作熟练程度的提高，训练次数可以慢慢增加，双脚慢慢离开地面。

2．俯撑腾空转体 360° 成俯撑训练

(1) 俯卧撑推起练习。身体俯卧，含胸、收腹、抬头；身体向下至肘关节低于肩关节处，双臂用力推起身体，双手离地面，胸前击掌，身体姿态保持不变；然后还原至推起前位置，重复推起动作。多次重复双手双脚同时推起动作，增强上肢、躯干、下肢整体发力能力。

(2) 地面 180° 俯撑练习。身体仰卧，挺胸、收腹、抬头；双腿并拢，双手上推。然后肩关节、髋关节、脚尖同时转动，成俯卧。转动过程中，身体收紧，保持一条直线。

(3) 俯撑腾空转体 360° 成俯撑动作练习。身体俯卧，含胸、收腹、抬头；双脚并拢；身体向下至肘关节于肩关节平行处，双臂用力推起身体，同时转体 360° 成俯撑动作结束，双脚始终接触地面。多次重复动作，随着技术动作的掌握，在推起腾空转体时双脚也同时腾空，重复动作。掌握技术动作，增强身体协调发力能力。

二、旋腿与分切类难度动作训练方法研究

（一）直角支撑成仰卧训练

双杠上，学生双臂伸直支撑身体，含胸收腹、抬头，双腿并拢。双腿慢慢前伸，双脚分别放于地面，至身体伸直，身体后收至开始位置，反复重复练习。技术动作熟练掌握后，学生练习从双杠过渡到地面，随着腰腹肌能力的增强双腿前伸时慢慢并拢，达到动作要求。

（二）“直升飞机”训练

1．摆动绕环

分腿坐于地面，前腿摆动过身体使另一条腿迅速跟上摆动，形成双腿均摆过

身体成 360° 圆周。3 个一组，每次练习 3 组。

2. 顶肩

仰卧于地面，双肩向上顶起，练习肩关节灵活性和力量。动作训练过程中，注意肩关节主动向上顶。3 个一组，每次练习 3 组。

3. 顶肩成俯撑

仰卧于地面，依靠肩、髋关节的转动带动身体转动成俯撑姿势。动作训练过程中，注意肩关节主动向上顶，同时扣肩、含胸，双臂撑地完成动作。3 个一组，每次练习 3 组。

4. 完整动作练习

在进行以上步骤的训练过程后，可以进行完整的“直升飞机”难度动作的训练。注意在整个动作过程中，身体的夹角不大于水平面上 45° 。

三、支撑类难度动作训练方法研究

（一）分腿支撑训练

1. 他人辅助训练

身体略微向前倾，含胸收腹抬头，屈髋分腿，双腿分开至少 90°，双手略微外开支撑地面、双臂伸直；辅助者抬起学生的双脚使其与髋形成一条直线，帮助学生双腿与地面平行，慢慢增加支撑时间。随着学生腰腹肌和下肢力量的增强，辅助者双手慢慢脱离学生，促使学生独立完成技术动作。

2. 平衡木辅助训练

身体略倾，含胸收腹抬头，双手略微外开支撑于平衡木、双臂伸直，屈髋分腿，双腿分开至少 90° 。双臂支撑起身体，双腿伸直尽量保持与地面平行，逐步增加支撑控制时间，强化学生对肌肉的控制能力。随着学生控制能力和技术动作的增强，也应转移到地面进行练习，达到动作要求。

（二）分腿高直角支撑训练

此技术动作的训练可由同伴来进行辅助训练，学生含胸收腹，下颚加紧；双臂伸直支撑身体，身体略微后仰；学生屈髋分腿举起向上成“V”字(垂于地面)，贴近于胸。辅助者站在学生身后，双手握住学生的双脚，保持身体姿态。随着学生的技术动作逐步熟练，支撑时间也随之逐步增长，辅助者的双手也逐步放开，使学生逐步独立完成动作，达到动作要求。

(三) 直角支撑训练

其可通过双杠进行过渡训练。学生双臂伸直，双手撑于双杠支撑起身体，身体略微向前倾，含胸收腹抬头，双腿伸直并拢抬起，尽量保持与地面平行，逐步增长支撑时间。随着学生技术动作的熟练，可逐渐过渡到地面进行练习。而随着学生腰腹肌力量和髂腰肌力量的增强，技术动作也可以逐步达到竞技健美操动作的要求。

四、跳跃类难度动作训练方法研究

(一) 屈体分腿跳训练

1. 双脚并拢原地纵跳

双脚并拢，屈膝发力向上起跳，双臂顺势从腰间向上摆动，双脚并拢落回原位。辅助练习。

2. 屈体分腿跳

双脚并拢，屈膝发力向上起跳，空中成屈体分腿姿势，双脚并拢落回原位。在进行此难度动作训练时，首先应发展学生的腿部力量及脚踝关节的爆发力，在学生能够跳起一定的高度时再进行空中姿势的训练。

3. 空中姿势地面练习

仰卧于地面，臀部着地，通过腹肌收缩，上肢和下肢同时向上，可以进行屈体分腿姿态的练习。

4. 团身跳

双脚并拢，屈膝发力向上起跳，空中双腿屈膝团身，膝关节尽力向胸部靠近，双脚并拢落回原位。

（二）纵劈腿跳成俯撑训练

1．原地前倒成俯撑

立正姿势站好，身体前倒双手着地成俯撑。保护者站于学生侧方，当学生身体前倒时，保护者迅速托住学生的腰腹部，减缓倒地速度，防止学生受伤。根据学生的能力逐步过渡到独立完成。练习时身体各部位都要收紧，着地时主动屈肘缓冲，五指分开，由指尖过渡到全手掌着地，头是颈的延伸，保持头颈与身体成一条直线。

2．原地纵劈腿跳

双脚垂直向上纵跳，双脚离地后向前后打开，至最高点时空中成纵劈腿姿势，下落时屈膝缓冲着地。根据学生自身能力来安排量的大小，进行练习。保护者站于学生后侧方，双手扶住学生的髋部。当学生往上纵跳时保护者顺势给予一定的提力，从而延长腾空时间，使学生有较充分的时间完成纵劈腿动作，并保护学生安全落地。根据学生的能力逐步过渡到独立完成。练习时要注意身体垂直轴的控制，收腹挺胸、立腰立背、紧臀、肩下沉，头向上顶。腿伸直，绷脚尖，手臂可根据个人需要做一些辅助动作。

3．纵劈腿跳成俯撑

双脚起跳在空中成纵劈腿姿势，然后俯撑着地。根据学生自身能力来安排量的大小进行练习。学生可以先在保护状态下完成，然后逐步脱离保护。同时要求前后腿尽量劈开，腿伸直，绷脚面。

4．前后分腿跳成俯撑

双脚垂直起跳，双脚离地后迅速前后分开且小于 135。。至最高点下落时，前腿迅速后摆，上体前倒成俯撑着地。根据学生自身能力来安排量的大小进行练习。

（三）转体 360° 团身跳接纵劈腿训练

1．上步控制练习

先单腿上步站立，使整个身体站稳，体会垂直轴的控制。保护者站在学生背后一步距离左右，用双手扶住学生的腰部，使其重心提高。

2．然后单腿转体180°逐步变成单腿转体360°

单腿转体练习，提高垂直轴控制能力，双腿并拢开始，做单腿转体 180°练习，随着能力的增加进行转体360°练习。

3．跳起360°

注意身体垂直轴的控制，收腹立腰，抬头挺胸，肩关节放松下沉。

4．纵劈腿跳

团身跳后应该先练纵劈腿跳，再过渡到纵劈腿跳落地，学生跳起成团身姿态，再在空中迅速分腿，双腿成纵劈叉姿势，然后缓冲落地。这种练习每次应该做10个左右。团身跳时，膝关节尽量上抬，大腿和腹部的角度尽量减小。纵劈腿的空中姿态，尽量保持脚尖膝盖伸直，双腿开度增大。

5．转体360°团身跳接纵劈腿落地

完成以上几个步骤练习之后，再进行这个难度动作的训练，注意保持身体躯干的稳定性及落地的缓冲控制。

(四) 转体180°屈体再转体180°成俯撑训练

1．起跳训练

双脚垂直起跳同时转体 180°。双肩放松，抬头挺胸，腰腹部收紧。保护者位于学生的身后，两手扶于学生的髋部，当学生向上纵跳时，保护者顺着学生转体的方向再施加适当的力加速学生的转体速度，并保护其安全落地。根据学生的能力逐步过渡到独立完成。在做转体练习时，要求收腹、挺胸、立腰立背、紧臀、肩下沉，头向上顶，且要注意身体垂直轴的控制，落地注意缓冲。

2．屈体跳训练

首先进行地面练习，再在教师的保护下原地跳起，屈肘、向上踢腿。然后进行原地跳起双腿并拢，同时向上踢腿，可逐步提高水平位置。随着学生能力的增长再进行跳起转体180°(同上)，在做屈体动作的练习和跳起转体180°做屈体动作后再转180°成并腿落地练习。

(五) 转体 180° 科萨克跳接纵劈腿落

1. 跳转训练

双脚垂直起跳同时转体 180° 。双肩放松，抬头挺胸，腰腹收紧。保护者位于学生的身后，双手扶于学生的髋部。当学生向上纵跳时，保护者顺着学生转体的方向再施加适当的力加速学生的转体速度，并保护其安全落地。根据学生的能力逐步过渡到独立完成。在做转体练习时要求收腹、挺胸、立腰立背、紧臀、肩下沉，头向上顶，且要注意身体垂直轴的控制，落地注意缓冲。

2. 原地纵跳接纵劈腿落训练

原地纵跳，落地时，滑成纵叉。注意在纵跳的方向上，应垂直向上，上体正直，落地时应有控制地滑成纵叉。保护者站于学生的体侧，双手扶住学生的髋部，帮助学生控制滑叉速度。

3. 科萨克跳训练

(1) 双脚并拢原地纵跳。双脚并拢，屈膝发力向上起跳，双臂顺势从腰间向上摆动，双脚并拢落回原位。

(2) 团身跳。双脚并拢，屈膝发力向上起跳，空中双腿屈膝团身，膝关节尽力向胸部靠近，双脚并拢落回原位。

(3) 科萨克跳。双脚并拢，屈膝发力向上起跳，空中一腿平行于地面，一腿于膝关节处弯曲，膝关节尽力往胸部靠近，双脚并拢落回原位。首先可以在地面上进行空中姿态的练习，然后再进行跳跃练习。

4. 跳转 180° 接科萨克跳训练

空中转体 180° 后，迅速提臀、收腹做科萨克跳动作，然后落地缓冲。初学者在教师的帮助下完成后，再进行独立练习。动作连贯迅速，起跳瞬间脚尖正对前方。

5. 科萨克跳接纵劈腿落训练

科萨克跳完成后，双腿前后撤开，接纵劈腿落地。科萨克跳与纵劈腿都要到位，动作衔接连贯。可先做团身跳接纵劈腿练习，逐渐过渡到科萨克跳。保护者站于学生的体侧并扶住其腰部，帮助其缓冲落地。

6．完整训练

在上述难度都能准确完成时，可进行完整动作练习。转体到位，单个动作都要准确完成。其他空中姿态的难度动作练习方法基本与此相同。

五、其他难度动作训练方法研究

（一）难度动作控制性训练

1．身体腾空前发力的控制

竞技健美操腾空前发力控制技术是完成跳跃类动作的关键所在。腾空前的发力分为着地缓冲和蹬伸两个阶段。着地缓冲阶段，髋、膝关节微屈，足踝关节背屈。同时，臀大肌、股四头肌，小腿三头肌和胫前肌等完成退让性工作。蹬伸阶段，髋、膝关节伸，足踝关节足屈。同时，臀大肌、股四头肌，小腿三头肌、胫骨后肌、趾长和拇长屈肌等完成向心收缩工作。学生在腾空的起跳过程中应注意支撑腿髋、膝、踝关节做屈伸运动，工作肌群在下肢固定的情况下进行收缩，肌肉高度收缩，储存弹性力量，然后在极短的时间内有控制地释放力量，获得很好的弹性力量，从而为跳跃提供较好的条件。

2．以各种形式缓冲落地的控制

缓冲落地的主要目的是使身体尽可能的保持稳定，同时减少地面对关节和肌肉的冲击力，以免造成运动损伤。落地时，从脚跟过渡到全脚掌或由前脚掌过渡到全脚掌，然后迅速屈膝屈髋缓冲。所有动作在瞬间依次完成，用以分解地面对关节和肌肉的冲击力。同时，躯干与手臂保持良好的姿态，肌肉用力控制以保持动作的正确与稳定。在完成一些高难度动作时，不仅要克服落地时的垂直速度及向前、向后的水平速度，还要克服身体转动造成的转动速度，落地时的缓冲水平、垂直速度，这样可以加大落地的稳定性，当落地稍有前倾或后仰时，学生可以通过手臂的摆动来维持平衡。

（二）扳腿平衡前倒成纵劈叉训练

1．平衡训练

平衡训练主要是为训练学生的身体控制能力及良好的难度动作姿态而开展的。首先可以在有人辅助的情况下进行扳腿平衡提踵练习，然后独立完成这个练习能够有效地提高学生的踝关节控制能力，同时提高完成此难度动作的身体姿态。

2．斜板训练

身体直立，含胸收腹，下颚收紧，成扳腿平衡姿态，前倒于斜板上，反复重复动作，充分掌握技术要领。随着学生完成动作质量的提高，斜板的倾斜度逐步降低，最后到地面完成技术动作。

（三）横劈叉腿前穿训练

身体俯卧，含胸收腹，双腿分开成横劈叉状，双臂伸直，支撑身体，双脚架在离地面 30 厘米处，慢慢前后移动，前后移动的幅度慢慢增大。随着技术动作的充分掌握，架高的脚放回到地面，过渡到在地面完成技术动作。

（四）特定动作及特殊要求

1．跳跃

跳跃动作应展示极充分的爆发性动作，跳或跃或单脚或双脚起跳，也可单脚或双脚落地，当用双脚落地时，双脚必须夹紧，落地必须缓冲。落地姿势的变化还包括劈叉和俯卧撑。以劈叉姿势落地时，手可触地。纵叉的前腿应膝关节向上，后腿、膝关节向下。当以俯卧撑姿势落地时，手臂必须缓冲，身体从头至脚应是完美的直线姿态，并且脚和手必须同时落地。空中保持身体姿态(单个或复合)，除非已阐明，手臂姿势任选。

要求：屈体和分腿位置至少要达到水平，并且躯干和大腿的角度必须小于 90°。单腿分腿跳转体 180°成俯卧撑除外；劈叉必须达到 170°。剪式跳转体 180°、360°成俯卧撑除外；转体必须完整完成；击足跳的主动腿必须水平。

2．踢腿

踢腿须展示极充分的爆发性动作，所有的踢腿动作必须在空中完成(蹁踢腿除外)。

要求：摆动腿高度不得低于肩(高于 150°)；后踢跳除外；蹁踢腿必须展示一个完整的圆；所有的踢腿动作都必须在空中完成(蹁踢腿除外)；后踢跳空中必须展示团身和半劈腿姿势。

3．平衡

(1) 静力性平衡类。完成的主要标准是保持单足平衡姿势 2 秒。静力性平衡类动作包括前扳腿平衡、燕式平衡、前控腿平衡、侧扳腿平衡、侧平衡、侧控腿平衡。

要求：必须保持至少 2 秒；抬起腿至少同肩高；燕式平衡必须达到水平位置。

(2) 动力性平衡类。所有的转体必须在同一位置开始和结束、没有移动，并且转体必须完整(360° 或 720°)，髋部平直无倾斜。

要求：身体必须处于垂直位置；所有的转体必须完整；平衡转体抬起腿至少同肩高。

4．柔韧

所有动作过程中均必须展示完全劈叉(180°)，分腿坐肩转 360° 成俯撑和劈叉转体除外，腿必须伸直。

要求：两腿间的角度必须是 180°，分腿坐肩转 360° 成俯撑和劈叉转体除外；在完成纵叉滚动时，滚动必须完整；在完成劈腿转体、分腿坐肩转 360° 成俯撑、伊柳辛时，圆必须完整；在完成伊柳辛时，转体(360°)必须完全；在完全劈叉转体时，腿必须靠近脸部；在完成分腿坐肩转 360° 成俯撑时，腿在开始阶段必须靠近脸部。

5．支撑

支撑类动作是力量的显示，在完成支撑类动作时，身体重心应落在支撑手上。作为静力性动作，每一个动作必须停止 2 秒，腿必须伸直。

要求：每个支撑动作必须保持 2 秒：支撑转体时必须完整；所有的直角支撑动作，腿必须垂直；高锐角支撑动作，后背必须与地面平行；所有的水平支撑动作，身体不能高于水平 45°。

第七章 时尚流行健美操训练方法与教学指导

在健美操运动中，除了健身健美操和竞技健美操运动项目外，还流行着许多其他的健美操项目。例如，有氧拉丁操、有氧搏击操、爵士健身舞、健身街舞、健身瑜伽等。本章就针对这些时尚流行健美操项目的训练方法来展开研究。

第一节 有氧拉丁操训练方法

一、有氧拉丁操概述

（一）有氧拉丁操的起源与发展

有氧拉丁操是由拉丁舞演变而来的。拉丁舞的全称是拉丁美洲舞，这种舞蹈在拉丁美洲非常流行，它最早起源于非洲，后来与欧洲南部的舞蹈音乐结合，并由拉丁语系的移民带到南美洲(又称拉丁美洲)，与当地的土风舞相互融合，逐渐形成了如今的伦巴、恰恰、桑巴、牛仔、斗牛等新的舞种，现今拉丁舞已经风靡全球。而有氧拉丁操则是将火热动感的拉丁舞与极富活力的健美操进行有机结合而形成的。它是在拉丁舞狂热的音乐伴奏下，把颇具特点的舞蹈动作和有氧健美操动作进行结合而形成的一种全新健身方式。由于拉丁舞动作强调髋部的摆动，因此有氧拉丁操对健身者的腰部锻炼有着较为明显的效果。

2000 年，有氧拉丁健美操开始在北京流行。其引用了拉丁舞狂热的音乐，使健身者在激情的拉丁音乐中，尽情展示自己美好的身段，并使健身者在疯狂地扭动和淋漓的汗水中，减去多余的脂肪。

拉丁健美操虽然来源于国标中的拉丁舞，但是在基本步法的要求上没有拉丁舞那样严苛。有氧拉丁操在人数上也没有特别的限制，单人、多人都可以进行。由于它属于健美操运动的一种，因此更多地强调能量的消耗，在动作细节上的要求并不是太高，在保持运动量的同时，做到髋、腰、胸、肩部等身体各关节的协调活动即可。相比于拉丁舞，有氧拉丁操的动作较为简单，主要以健身步法为主，更易于参与者学习和快速掌握相关技术动作。

（二）有氧拉丁操的特点与功能

1．有氧拉丁操的特点

(1) 热烈奔放。有氧拉丁操的风格特点是热烈奔放，在锻炼身体之外更可享受愉悦。拉丁操要求百分之百的情绪投入，越是淋漓尽致地把拉丁舞的感觉发挥出来，就越能放开，无所顾忌，在音乐中释放身体。有氧拉丁操的音乐热情奔放，充满激情，通常用迪斯科的节奏加上拉丁风格的配乐，能使练习者在锻炼的同时感受异域的风情和文化。

(2) 锻炼全面。在从事有氧拉丁操运动时，健身者全身大部分的关节和肌肉都会参与锻炼，因此，全身减脂的效果也非常好。有氧拉丁操的锻炼的重点在于腰部和髋部，同时也能使大腿内侧得到充分的锻炼。

(3) 负荷强度小。有氧拉丁操负荷强度非常小，适合所有人群练习。但由于拉丁操具有自由随意、热情奔放、节奏明显等特点，因而更适合年轻人参加。

(4) 更具健身性和普及性。有氧拉丁操在动作细节上减少了专业拉丁舞的规范和双人配合的要求，使其更具健身性和普及性。

2．有氧拉丁操的功能

(1) 有氧拉丁操以多关节运动为主，还增加了一般健身练习中较少练习到的髋部及腰腹部练习，故对提高髋部和腰部的灵活性和身体协调性有明显的作用。

(2) 有氧拉丁操以拉丁舞为基础，大量吸收了拉丁舞的动作风格和特点，不但具备减脂和塑造身体线条的锻炼价值，同时也具备较强的表演性和欣赏性。

(3) 通过有氧拉丁操的练习，可使练习者达到减脂和塑形的作用，同时也可提高练习者创造美、欣赏美的能力。

二、有氧拉丁操的健身动作

有氧拉丁操主要包括热身、有氧练习、放松和伸展四个部分。其中，热身部分主要针对于练习者身体局部灵活性的锻炼；有氧练习部分的主要目的是减脂和增加人的心肺功能；放松和伸展部分则主要为了放松健身者在练习过程中产生紧致的肌肉，舒展肌肉线条，避免运动后的疼痛。

从技术动作的角度来说，有氧拉丁操的动作难度并不大，但对动作的用力方法和节奏的掌握一定要恰到好处。一般而言，有氧拉丁操动作的用力顺序是从下到上、由里向外，即所有力量来自于地面对身体的反作用力，由脚传到腿到髋到腰再到躯干。而手臂的动作是由躯干内部发力向外延伸，另外全身各部位的协调用力是完成好动作的关键，如基本动作中，左膝内扣，髋右转动时躯干应左转，也就是左右两侧的对应要形成对抗状况，这样能积蓄力量来完成下面的动作。此外，有氧拉丁操基本动作在其技术动作中有着非常重要的地位，学习时一定要注重。下面介绍几项常见的有氧拉丁操基本动作。

（一）抖肩(shaking of shoulders)

在做抖肩动作时，健身者需双臂伸直侧下举，五指分开，掌心向前，左肩前顶，右肩后展，再右肩前顶，左肩后展。

（二）恰恰步(chacha)

恰恰步节奏形成为 1 哒 2，即两拍三动的形式。以右侧恰恰步为例，在健身者健身时右腿向右侧迈出 1 拍“哒”，左腿并步；右腿再向右侧迈出。应当注意的是，恰恰步的变化很多，可以向侧、向前、向后；可以并步或交叉步；可以单独做或结合别的步伐一起完成。

（三）曼波步(mambo)

节奏形成为均匀的节奏，没有切分节拍，可以前后、向侧或结合转体动作。

在传统健美操中也常用这个步伐。运用该技术动作时，左脚向前一步，重心前移，同时向左摆髋。随后，重心后移至右脚，同时向右摆髋。左脚向后一步，重心后移，同时向左摆髋。然后，重心前移至右脚，同时向右摆髋。做曼波步时，双臂屈肘于腰间自然摆动。

(四）桑巴步(samba)

桑巴步的节奏形式也是 1 哒 2，两拍两动，但与恰恰步不同的是它的“哒”拍时间很短，并且完成动作时节拍要有短暂的停顿。以向右的桑巴步为例，在健身者健身时蹬左腿向右一步，重心右移，同时身体左转。“哒”左腿向右腿后点一步，同时右腿微微屈膝抬起，重心在左腿。把重心移至右腿，右脚原地点地一次。桑巴步也可用来做移动或连续多次使用，整个动作主要注意髋部随着重心移动而左右摆动。

三、有氧拉丁操的组合训练方法

(一）有氧拉丁操组合训练一

1. 第一个八拍

面向 1 点钟方向，五指分开，手臂随身体摆动。1～2 拍右侧并步，3～4 拍右侧恰、恰、恰，5～6 拍右腿后伸，7～8 拍左前恰、恰、恰。

2. 第二个八拍

在 1～4 拍时身体面向 1 点钟方向，5～6 拍时面向 8 点钟方向，7～8 拍时面向 2 点钟方向。五指自然分开，1～4 拍随身体摆动，5～8 拍手臂打开与伸腿方向相对。1～2 拍右前恰、恰、恰，3～4 拍左前恰、恰、恰，5～6 拍右脚左前交叉点，7～8 拍左脚右前交叉点。

3. 第三个八拍

面向 1 点钟方向，五指分开，手臂随身体摆动。1～2 拍右左前进两步，3～4 拍恰、恰接后屈左膝，5～6 拍后退左恰、恰、恰，7～8 拍后退右恰、恰、恰。

4．第四个八拍

面向1点钟方向，五指分开，手臂随身体摆动。1～2拍左侧弓步，3～4拍收左腿恰、恰、恰，5～8拍与1～4拍动作相反，5～6拍右侧弓步，7～8拍收右腿恰、恰、恰。

（二）有氧拉丁操组合训练二

1．第一个八拍

面向 1 点钟方向，五指分开，手臂随身体摆动。1～2 拍出右腿转髋，3～4拍收右腿，5～6拍出左腿转髋，7～8拍收左腿。

2．第二个八拍

面向 1 点钟方向，五指分开，手臂随身体摆动。1～2 拍右侧桑巴步，3～4拍并腿，5～6拍左侧桑巴步，7～8拍并腿。

3．第三个八拍

除3～4拍面向8点钟方向外，其他节拍都面向1点钟方向，五指自然分开，手臂随身体摆动。1～2拍右侧并步，3～4拍左后交叉恰恰，5～8拍一字步。

4．第四个八拍

面向1点钟方向，五指分开，手臂1～4拍随身体摆动，5～6拍左臂前伸，右臂后伸，7～8拍相反。连续进行左“V”字步移动。

第二节　有氧搏击操训练方法

一、有氧搏击操概述

（一）有氧搏击操的起源与发展

有氧搏击操(Kickboxing Aerobics)也常被称为跆搏(TAEB0)，起源于美国，是有氧健美操中的一个重要项目。它最大限度地吸取了拳击运动能耗大的特点，将拳击、散打、空手道等一些动作组合作为基本内容，在音乐的伴奏下，进行的有氧锻炼，这一项目在流入亚洲后，又与东方的跆拳道、武术等动作的特点相结合。它的独到之处是在节奏清晰的音乐伴奏之下和英姿飒爽的拳脚之间得到了身体的健康，锻炼了身体，使锻炼在原有的科学、安全有效的基础上更具独有的特性与魅力。有氧搏击操创造了一个新的健身概念，增强乐趣和力量，燃烧脂肪，最重要的是具有很好的减脂健身效果，它可以使身体的各个部位尤其是使腰、腹、臀等容易堆积脂肪的部位很快得到改善。

有氧搏击操的步伐和姿势是由一系列的自我防卫动作演变而来的。例如，手臂动作主要借鉴了拳击的动作特点，腿部动作则以跆拳道的腿法为基本动作。有氧搏击操是由美国著名运动员比利•布兰克斯最先创造的，他曾获得 7 次空手道世界冠军，并创办了第一家“跆搏”形体锻炼俱乐部，在他的影响下，有氧搏击操越来越受到健身爱好者的欢迎，并很快风靡世界。

随着人们生活水平的提高和健康意识的增强，许多健身项目越来越被人们重新认识。而有氧搏击操更是在十几年的推广和传播过程中，改变了人们心中健美操“女性化”的传统观念，越来越多的男性开始加入跳操的行列中，尽情地挥洒着激情，为健美操运动增添了阳刚之气。近年来，有氧搏击操也成为健身房里的热点健身项目之一。

(二) 有氧搏击操的特点与功能

1．有氧搏击操的特点

(1) 科学安全，全面健身。有氧搏击操同属于有氧运动中的一种，它可以科学地锻炼和提高人体的各个循环系统功能，使机体保持健康并增强抵御疾病的能力。同时，它也可以有效地消耗能量，减少体内多余的脂肪从而达到减肥的目的。有氧搏击操的强度适中，可以有效控制运动量，在动作的选择上也遵守增进健康和避免伤害的原则。在进行搏击操练习时，只需意象出对手，并没有面对面的搏击，提高了锻炼的安全性。

有氧搏击操既可以进行手臂、躯干、步伐、腿法等部位的分解练习，也可以进行综合套路的练习，虽然动作较为简单，但是也需要动用身体的各个部位参与，如直拳动作。首先通过右脚蹬地，将力量传递到大腿、脊髓，再经过腰部转动将力量传递到胸、肩、手臂，最后才到拳上。这就说明了有氧搏击操起到全面健身的作用。

(2) 简单易学。有氧搏击操动作上肢主要以拳击中的直拳、摆拳、勾拳为主，再加上肘部的臂、掌等动作；下肢以膝踢、弹踢、侧踢、后踢为主。这些动作不仅直观，而且动作要求也只限于用力的顺序与用力的正确位置，并不要求像拳击、搏击竞赛与实战中那样快速准确，因此，一般人都能够完成这些练习。此外，它不强调复杂的动作组合，而且运动中的变化特别是方向变化也较少，加之教学多采用分解及慢速的方法，这就更有利于练习者掌握动作。

(3) 挑战性与娱乐性相结合。有氧搏击操在强劲有力的音乐和教练员的带动下，会激发练习者的热情，做出刚劲有力的动作，并在练习过程中会伴随有整齐嘹亮的呐喊声，使整个课堂气氛变得异常火热。也使得练习过程更加娱乐，将许多具有挑战性的动作学习变得轻松愉快。当面对假想的敌人，投入激情时，锻炼者可以从中得到“挑战”的乐趣和获取胜利的喜悦。

2．有氧搏击操的功能

(1) 有益身心健康。有氧搏击操以有氧练习为基础，注重健身的全面性，能全面锻炼练习者的心肺功能和运动素质。持续进行有氧搏击操练习，可加速交感神经系统的兴奋性，促进相关腺体的分泌，对心血管系统和呼吸系统机能的改善有着积极的影响。在有氧搏击操中，许多动作的幅度较大，可使肌纤维反复牵拉，增加肌肉的柔韧性和弹性。其灵活多变的移动，也可以提高机体的灵敏素质。在练习过程中，快速有力的踢、踹等动作可提高机体的协调性、平衡感和身体耐力，从而改善人体的综合健康水平。

(2) 塑形美体。有氧搏击操的动作丰富多变，要求准确快速地做出踹腿、出拳、转腰等各种动作，还要求有爆发力，因此可使上下肢得到充分锻炼，雕塑出优美的肌肉线条。有氧搏击操中，动作几乎都要求腰腹在一定控制的基础上发力，因此不但可增强腰腹部的力量，也可美化腰腹部的曲线。

(3) 减肥瘦身。有氧搏击操强调速度和力度的完美结合，快速地移动、迅速有力的挥摆，以及大幅度的肢体伸展，这些都会增加运动的强度和运动负荷，使练习者消耗大量的能量，达到全面有效的减肥作用。有氧搏击操练习，需要保持下肢灵活移动和腰腹肌的协调用力，所以对消耗腰腹和下肢部位的皮下脂肪有显著的效果。

二、有氧搏击操的健身动作

(一) 有氧搏击操的基本站姿

有氧搏击操的站姿可以分为正面站姿与侧面站姿两种。正面站姿为防御姿势，侧面站姿为格斗姿势。

(1) 正面站姿。双腿平行开立，稍屈双膝，收腹立腰，双肩平行、下垂放松，双臂屈于胸前，小臂垂直于地面、双拳置于下颌部，身体重心在两腿之间。

(2) 侧面站姿。双腿前后分立、稍屈膝，后腿外侧 45°，双腿内扣，身体侧向前方，重心在两腿之间，手臂姿势同正面站姿。

(二) 有氧搏击操的基本拳法

有氧搏击操的基本拳法大多参考了拳击的动作特点。握拳要四指并拢，向内卷握，拇指向内扣在其他手指的第二指节处。

(1) 直拳。有氧搏击操中最常用、最基本的拳法就是直拳，一般分前手直拳和后手直拳。直拳可以在平行站立和前后站立两种站立姿势上出拳，无论哪种站立姿势都要腿先发力蹬转，然后腰用力，最后是手臂用力。手臂直接打出的同时，旋转拳，手心向下，注意手臂不要完全伸直，这样可以保护肘关节不受伤害。直拳按位置可分为右或左拳，或侧拳的高、中、低三种。

(2) 刺拳。刺拳与直拳相似，是直拳派生出的一种快拳招数，分前手刺拳和后手刺拳。动作轻快，点击、出拳时手臂不完全伸直，顺弹性收拳，上体和髋部移动极小。

(3) 勾拳。勾拳的站立姿势和发力与直拳相同，不同的是腰部首先要向反方向扭转并压低上体，然后再发力出拳，手臂始终保持弯曲，拳心向后。

(4) 锤拳。拳微外旋上举，由上向下呈半弧形斜下劈砸。

(5) 摆拳。摆拳分前手摆拳和后手摆拳。左脚蹬地，重心移向右脚，向左拧腰转体，同时右臂由下向上将肘部抬起，肘关节屈度大于 90° 小于 180°，右臂由外沿小弧形向左摆至身体中心线位置。

(6) 翻背拳。翻背拳是以拳背为力点的一种快拳法，脚掌蹬地，上体稍转，以肘关节为轴，拳背领先，快速反臂鞭弹。

(7) 肘击。一般采用平行站立，用肘关节进攻，可以分为横击、后击和下击。以右手横击为例，左脚首先蹬地，移动重心至右脚，腰部发力向右移动，左手掌推右手拳至右侧，最后力量到达关节，而左下击时要先高抬手臂，右侧腰拉长，然后腰用力收缩，肘下压。

(三) 有氧搏击操的基本肘法

有氧搏击操的肘法为一种屈臂的练习形式，是以屈臂形成的肘尖为最后力点的招数。

(1) 抬肘：肘关节由下向上，从身体前上方抬起，拳心向下，肘尖受力。

(2) 砸肘：肘关节提起，由上向下沿斜方向砸压。

(3) 沉肘：身体下沉，提肘，由上向下沿直线出肘。

(4) 提肘：扭腰转体，肘关节由下向上沿直线上提，脚尖蹬地挺腰。

(四) 有氧搏击操的基本膝法

(1) 直膝顶：左腿支撑，右腿迅速屈膝向上顶抬，力达膝尖，同时收腹，身体稍后仰，目视前方。

(2) 横膝顶：横膝顶的基本运动路线呈弧形，具体为右膝关节由外向内呈斜线迅速提吸。

(3) 跪膝：上体左转 90°，左腿屈膝半蹲，同时右膝直下跪，力达膝尖，同侧手可配合下击。

（五）有氧搏击操的基本腿法

(1) 正蹬：一腿先屈膝上提，另一腿微屈膝支撑；屈膝上提腿以脚跟领先由屈到伸，快速发力，直线蹬击。动作上体略后仰，稍含胸，双手保持防护姿势。

(2) 后蹬：身体稍转，一腿屈膝回收，小腿平行于地面，转头回视；向正后方强力挺膝伸展蹬出，身体前俯，眼视正后方，双臂自然弯曲，维持身体平衡。

(3) 腾空前踢：左腿屈膝蹬地跳起，右腿在空中由屈到伸，绷脚面，向上弹踢，力达脚尖，眼视前方，双脚依次着地。

(4) 侧踹：侧踹分为下段、中段、上段。一腿先屈膝上抬，小腿略外摆，膝盖向内收，支撑腿稍屈膝，提膝腿由屈到伸向侧踹击，力达脚跟或全脚掌，目视前方。

(5) 腾空侧踹：可以单脚起跳也可以双脚起跳。主力腿猛地蹬地跃起，在空中向右拧转，右腿由屈到伸，直线方向踹出，力达全脚掌或脚跟，左腿屈膝收髋。动作完成后，两脚依次着地。

(6) 横扫：腰髋部摆动，肩部拧转，集全力于一脚面或小腿胫骨，动作路线较长，高速拉弧形发出强大爆发力。

(7) 弹踢：移重心至支撑腿，右腿屈膝抬平，大小腿折叠稍内旋，绷脚尖；以膝关节为轴，迅速屈伸弹动小腿，力达脚背或胫骨，眼视前方。

（六）有氧搏击操的格挡动作

(1) 上格挡：手臂由下向上的防御，手臂离前额约一拳距离。

(2) 下格挡：手臂由上向下防御，臂与身体约呈一线，手距大腿约 20 厘米。

(3) 内格挡：手臂由外向内防御，拳背朝前，拳心对着自己。

(4) 外格挡：手臂由内向外格挡，停于肩侧，手同额高。

(5) 十字上防：双手腕交叉由下向上防御，双手离前额约一拳距离。

(6) 十字下防：双手腕交叉由上向下防御，手置于小腹前 10～15 厘米。

三、有氧搏击操的组合训练方法

（一）第一个八拍

双手握拳。1～2 拍身体右转左膝内扣，左踝外展，面向 1 点钟方向，手臂动作为右直拳；3～4 拍为 1～2 拍反方向，面向 1 点钟方向，手臂动作为左直拳；5～8 拍屈膝左转，左弓步，5～6 拍面向 1 点钟方向，7～8 拍面向 7 点钟方向，5 拍侧顶左肘、6 拍左前臂屈并外旋，7～8 拍为右直拳。

（二）第二个八拍

双手握拳。1～4 拍右侧踢，面向 1 点钟方向，手臂动作为防守姿势；5～6 拍身体左转，右膝内扣，右踝外展，面向 8 点钟方向，手臂动作为右摆拳：7～8 拍为 5～6 拍反方向，面向 2 点钟方向，手臂动作为左摆拳。

（三）第三个八拍

双手握拳。1～2 拍左转 90° 开合跳，面向 7 点钟方向，手臂动作为右直拳；3～4 拍开合跳，面向 1 点钟方向，手臂动作为双臂上推；5～6 拍右转 90° 。

第三节　爵士健身舞训练方法

一、爵士健身舞的动作要素及其变化

(1) 通过进行屈膝下蹲，来将身体重心更好地接近地面。

(2) 通过保持低重心，来使下肢更加具有弹性，上半身的各个关节要保持松弛状态，并根据节拍做出相应的动作，以促使动作更加多样化。

(3) 重心快速移动，尤其是在水平方向上移动姿势。

(4) 让身体各个部位，如头、肩、腰、臀、躯干等做独立的动作。

(5) 强调角形及线条性的动作。

(6) 分割动作，有节奏性且复杂的分割动作能表现出动作中韵律的切分。如在一个动作中，把重拍放在头部或手部上，在做动作时就把头部与手部的动作与本身的动作切割来做，不与本身的动作同时进行。即本可以在一拍里就可完成动作，把它分割成几拍，动作也分割成相应的几部分来表现。

(7) 多重节奏，在做动作时迅速地将两个或三个韵律用身体同时表现出来。

二、爵士健身舞组合动作教学

(一) 第一个八拍

第 1～2 拍：身对 8 点方向，眼视 1 点方向，双臂于身体两侧屈肘向下，重心在左腿，右脚向前跨出；转身对 2 点方向，眼视 1 点方向，左脚向前跨出一步落在右脚前，双手放于腹部两侧；身体回正，右腿在前左腿在后，双臂架肘同肩平，双手握拳。

第 3～4 拍；转身对 8 点方向，眼视 1 点方向，右脚向前跨出一步落在左脚前，双手经过后脑勺后举过头顶，手背相对。

第 5～8 拍：左脚向左跨出一步，伸直，脚尖点地，随着重心移至左腿，右腿屈膝，脚尖点地；双臂由上落至与肩平，屈肘，右手肘部呈钝角，左手肘部呈锐角，右手自然落于大腿侧，左手向上举起后落至与肩平，屈肘成 90°。

(二) 第二个八拍

第 1～4 拍：右腿向左腿靠拢后，左腿经右腿膝盖后旁踢着地，两脚呈踏步，屈膝；随着身体扭动，左手落下，两手沿身体两侧向上移，至肩侧打开，举过头顶，然后上身前屈、含首，双手指尖触地。

第 5～6 拍：站起，身对 2 点方向，眼视 1 点方向，两腿成右弓步，有手举起画圈后落下，双手扶胯，同时左腿移至右腿右后方，两脚成踏步；转身对 8 点方向，眼视 1 点方向，两腿成左弓步，左手举起画圈。

第 7～8 拍：右腿向左腿靠拢，屈膝，脚尖点地，左手落下，右手举过头顶，掌心朝前，翘臀。

(三) 第三个八拍

第 1～4 拍：头向右偏，右腿提起，双手握拳，左手屈肘于体前，右手屈肘于头顶；头向左偏，双手松拳变为掌，左手屈肘于胸前，掌心朝上，右手于肩侧屈肘向上，掌心朝下；转身对 2 点方向，眼视 1 点方向，重心在右腿，左脚向体侧跨出一步，脚尖点地，再向右腿靠拢，屈膝，脚尖点地，右手扶胯，左手向肩侧伸直后落下扶胯。

第 5～8 拍：转身对 8 点方向，眼视 1 点方向，左腿在前，右腿在后并以脚尖点地，双手举过头顶，手背相对；右脚向前跨一步落在左脚前，双手于体下侧打开，翘手腕使掌心朝下；转身对 2 点方向，眼视 1 点方向，右腿在左腿前，双手举过头顶，手背相对；左脚向前跨一步落在右脚前，双手于体下侧打开，翘手腕，掌心朝下。

(四) 第四个八拍

第 1～4 拍：转身对 1 点方向，右脚向体侧跨出一步，脚尖点地，两腿分开比肩宽，双手握半拳举过头顶，右脚向左后方退一步，脚尖点地，眼视 7 点方向，左手背于身后，右手胸前屈肘。反方向重复该动作。

第 5～8 拍：左脚向前跨一步落在右脚前，右腿前踢，双手随着腿部运动自由摆动；当右脚落在左脚前时，左脚踮脚跟，两脚成踏步，双手举过头顶，手背相对；第 8 拍，上身前屈，屈膝下蹲，双手指尖触地。

(五) 第五个八拍

慢慢起身，重心在左腿，右腿屈膝，脚尖点地，身体随着右脚脚尖左、右的扭动分别向 8 点方向、1 点方向扭转，同时双手自由摆动。

(六) 第六个八拍

第 1～4 拍：有腿在前，左腿在后，两脚成踏步，左手于肩前伸直，右手于肩侧伸直，两掌心向下；然后身体逆时针旋转 360°，回到准备姿势；右手打响指，左脚向前跨一步，然后左手打响指，右脚向前跨一步。

第 5～8 拍：右、左手先后举过头顶，手背相对，接着，右腿屈膝 90°提腿，双手握拳屈肘下拉；右脚着地的同时双手向肩两侧打开，掌心朝下，然后右手绕头一周的同时身体逆时针旋转 360°，回到准备姿势；两腿开立，双手握拳，左手胸前平端，右手肩前屈肘，随后双拳变掌落在大腿上。

（七）第七个八拍

第 1～4 拍：向右送肩，双手握半拳，然后身体回正，含胸，再向左送肩；右腿向体侧踢出，双手在肩两侧打开，掌心朝下。

第 5～8 拍：右脚落在左脚前，两腿屈膝，左脚脚尖点地，两脚成歇步，左手于体前伸直立掌，右手屈肘。小臂与左手臂相交，手背相对；头向右偏，向后送胯；头向左偏，右手搭在左手上，向左送胯；头回正，右腿屈膝 90° 上提，右手放于臀部，左手举过头顶，掌心朝左。

（八）第八个八拍

第 1～4 拍：转身对 7 点方向，右脚落地，两腿成左弓步，右手握半拳屈肘于胸前，左手落于体侧。反方向重复该动作。

第 5～8 拍：转身对 1 点方向，眼视 7 点方向，右腿屈膝跪地，左腿屈膝落于右腿前，左手落于体侧，右手于胸前握拳屈肘；眼转视 1 点方向，左腿向体侧打开，左手举过头顶，掌心朝左，右手于体下侧伸直；左腿再移至右腿前，双手向体后方打开。

（九）第九个八拍

第 1～4 拍：以左腿为重心站立起来，然后转身对 2 点方向，眼视 1 点方向，重心移至右腿，左腿屈膝，脚尖点地。与此同时，双手从身后经体前举过头顶，手背相对。

第 5～8 拍：翘臀，再收臀。

（十）第十个八拍

第 1～4 拍：转身对 8 点方向，眼视 1 点方向，左、右两脚先后向前跨出一步，同时右、左手先后于体前屈肘伸出，双手交叉，左手在上，右手在下；转身对 1

点方向，上身扭向左边，左腿从身后移至体侧，两腿分开比肩略宽，右脚点地，左手在肩侧屈肘呈 90°，右手在体侧屈肘呈 90°，双手掌心朝上；上身扭向右边，左脚点地，右手在肩侧屈肘呈 90°，左手在体侧屈肘呈 90°，双手掌心朝上。

第 5～8 拍：身体逆时针方向旋转一周，首先身对 7 点方向，跟视 1 点方向，双手落于身体两侧，握半拳；上身扭对 1 点方向时，双手松拳，然后再转身对 7 点方向，眼视 5 点方向，双手扶胯；再转身对 3 点方向，右腿在左腿前，左脚点地，双手扶胯；再转身对 1 点方向，右腿在左腿前，右脚脚跟碰左脚脚尖。

(十一) 第十一个八拍

第 1～2 拍：转身对 8 点方向，眼视 1 点方向，重心放在左腿上，右腿屈膝，膝盖对 1 点方向，脚尖点地，右手击打右胯；转身对 1 点方向，左腿在前，右腿在后，右手举过头顶，掌心朝前。

第 3～4 拍：右手落下，屈肘于胸前，手掌贴于左肩，接着左手做相同动作；两腿开立，双手向肩两侧打开，立掌，回到准备姿势。

第 5～8 拍：左腿向体侧打开后伸至右腿右后方，同时，左、右手轮流于肩侧伸直，立掌，另一只手则扶胯；重复该动作；然后转身对 7 点方向，重心在左腿，右腿屈膝，脚尖点地，膝盖对 6 点方向，左手置于身后，右手绕至后脑勺，然后落于腹部左侧，眼视 5 点方向。

(十二) 第十二个八拍

第 1～2 拍：眼视 1 点方向，左手不动，右手在体下侧伸直，翻转手腕使心朝前；重心移至右腿，左腿屈膝，脚尖点地，右手于体侧向上屈肘，掌心朝上。

第 3～4 拍：眼视 7 点方向，重心在左腿，右腿屈膝，脚尖点地，右手在体侧向下屈肘，翻转手腕使掌心朝前；眼视 1 点方向，重心移至右腿，左腿屈膝，脚尖点地，右手于体侧向上屈肘，掌心朝上。

第 5～6 拍：同 3～4 拍。

第 7～8 拍：转身对 1 点方向，由左脚开始向前跨三步，同时摆手。跨左脚，右手放在身后，左手在体前握拳屈肘；跨右脚时左手在身后，右手在体前握拳屈肘。

（十三）第十三个八拍

第 1～2 拍：右脚向前跨一步落在左脚前，有、左手先后举过头顶，手背相对；右腿屈膝 90° 提腿，双手握拳，屈肘下拉。

第 3～6 拍：当右脚在左脚前着地时，双手向肩两侧打开，掌心朝下；随着左脚向前跨一步落在右脚前，转身对 2 点方向，眼视 1 点方向，右手绕到后脑勺后，左手移至肩前；转身对 7 点方向，重心在左腿，右腿屈膝，脚尖点地，双手扶胯；转身对 1 点方向，两腿分开比肩宽，左手胸前平端，右手握拳屈肘落在左手手背上，两手呈 90° 。

第 7～8 拍：两腿屈膝，双手落在大腿上，然后双手撑地做俯卧撑准备姿态。

（十四）第十四个八拍

做俯卧撑。

（十五）第十五个八拍

同第十四个八拍。

（十六）第十六个八拍

第 1～4 拍：两腿跪地，双手逆时针绕头顶一周，眼随手动。

第 5～8 拍：抬头，双手相握于头顶，上身后倾，双手落于两腿之上。

第四节　健身街舞训练方法

一、健身街舞基本动作教学

对于街舞来说，基本动作是其核心，只有对这些基本动作加以熟练掌握，再进行相应的组合和运用，便能够创造出难度不同、风格不同的街舞。街舞基本动作包括上肢动作、下肢动作、躯干动作和地面动作等几个方面。上肢动作主要有手臂的摆动、举、屈伸、环绕、波浪等。下肢动作主要有原地的弹动踏步等、点地、转体、移动、移动跳等。躯干动作主要有头、肩、胸、腰、髋。地面动作主要有蹲、跪、撑。

二、健身街舞组合动作教学

（一）组合动作一

1．第一个 8 拍

具体动作如图 7-1 所示。

步伐：1、2 拍右脚尖点地两次，3 拍右脚向前迈一步，4 拍左脚跟上成两脚并立，5 拍右脚侧点地，重心改变，6 拍收回右脚，左脚侧点地，7 拍同 5 拍，8 拍右脚收回成并立。

手臂：1、2 拍右手向侧响指两次，3 拍双臂微曲上举，4 拍双臂放下后抬起，5、6、7 拍微曲至身体两侧，8 拍双臂斜上举。

手型：1、2 拍响指，3～7 拍放松半握拳，8 拍出双手食指。

面向：1～6 拍 1 点，5、7 拍 8 点，6 拍 2 点，8 拍 1 点。

图 7-1

2．第二个 8 拍

具体动作如图 7-2 所示。

步伐：1 拍两脚开立半蹲，右肩侧顶，2 拍同 1 拍反方向，3 拍肩带胸顺时针绕环，4 拍左脚抬起，5 拍左脚脚跟点地，6 拍收左脚出右脚跟点地，7 拍转身 180°，8 拍抬双肘。

手臂：1～7 拍自然垂下身体两侧，8 拍抬起至腰间。

手型：1～7 拍自然放松，8 拍握拳。

面向：1～3 拍 1 点，4～6 拍 3 点，7、8 拍 7 点。

图　7-2

3. 第三个 8 拍

具体动作如图 7-3 所示。

步伐：1、2 拍脚不动，转体，3 拍右脚向前迈一步，4 拍左脚跟上成并步，5 拍左脚向后迈一步，6 拍转身 180°，7 拍右脚向后迈一步，8 拍转身 180°。

手臂：1、2 拍两次侧抬肘部，3 拍左手微伸出，4～8 拍自然摆动。

手型：半握或自然放松。

面向：1～5 拍 1 点，6、7 拍 5 点，8 拍 1 点。

图　7-3

4. 第四个 8 拍

具体动作如图 7-4 所示。

步伐：1 拍右脚跟前点，2 拍左脚跟前点，3 拍右脚前半步，4 拍双脚跟向前转动后收回，5 拍右脚向后一步，6 拍左脚向后一步，7 拍跳跃换脚，8 拍左脚向前成并脚。

手臂：1～3 拍自然放松，4 拍向前抬肘并收回，5、6 拍自然放松，7 拍从后向前抡右臂，8 拍自然放松。

手型：自然放松。

面向：1 点。

图 7-4

(二) 组合动作二

1. 第一个 8 拍

具体动作如图 7-5 所示。

步伐：1～4 拍侧并步一次，5 拍右脚前踢并落在正前方，6 拍脚跟向前转动并收回，7、8 拍同 5、6 拍。

手臂：1 拍左手胸前，右手侧上指，2 拍反方向指一次并还原，3 拍轻拍左膝然后向右指，4～8 拍自然能摆动。

手型：1～3 拍出食指，4～8 拍自然放松。

面向：1 点。

图　7-5

2. 第二个 8 拍

具体动作如图 7-6 所示。

步伐：1 拍右脚向后迈一步，2 拍左脚向后迈一步并收回右脚，3 拍开立半蹲，4 拍并脚站立，5 拍踢左脚，6 拍踢右脚，7 拍并脚或交叉站立，8 拍开立半蹲。

手臂：1 拍放松，2 拍微曲向上并手心向上，3 拍两侧抬肘，4 拍举右臂，5 拍伸右臂，6 拍自然下放，7 拍右臂上举，8 拍右手摸地。

手型：1～8 拍自然放松。

面向：1、2 拍 1 点，3 拍 3 点，4～8 拍 1 点。

图　7-6

3. 第三个 8 拍

具体动作如图 7-7 所示。

步伐：1 拍双脚交叉，2 拍转身，3 拍右脚后撤一步，4 拍左脚收回，5 拍右脚向侧迈一步，6 拍左脚同，7 拍同 5 拍，8 拍左脚收回。

手臂：1～4 拍自然放松，5 拍向左侧上举，6 拍右臂相反方向，7 拍两手向左指，8 拍向右指再回到 7。

手型：1～4 拍自然放松，5～8 拍出食指。

面向：1 拍 2 点，2 拍 8 点，3 拍 2 点，4～8 拍 1 点。

图 7-7

4. 第四个 8 拍

具体动作如图 7-8 所示。

步伐：1、2 拍拍右、左脚依次向后迈一步，3 拍同 1 拍。4 拍左脚脚跟点地，5 拍左脚向前迈一步，6 拍右脚向左脚前交叉。7 拍转身，8 拍收脚站立。

手臂：自然摆动。

手型：自然放松。

面向：1 点。

图　7-8

(三) 组合动作三

1. 第一个 8 拍

具体动作如图 7-9 所示。

步伐：1 拍右脚右侧点，2 拍左脚反方向同 1 拍，3 拍同 1 拍，4 拍右膝跪地左脚向左伸出，5 拍、6 拍重心向左上侧移动，7 拍、8 拍右、左脚依次向左迈一步脚跟点地。

手臂：4 拍左手扶头，右手撑地。

手型：自然放松。

面向：1～3 拍 1 点，4 拍 8 点，5～8 拍 7 点。

图　7-9

2. 第二个8拍

具体动作如图7-10所示。

步伐：1拍左脚向右一步，2拍右脚向后，同时重心向右平移，3、4拍原地交叉跳3次，5拍双脚并立，6拍开立半蹲，7拍拍手，8拍双脚并立。

手臂：1拍自然摆动，2拍挥右臂向左指，3～6拍自然摆动，7拍拍手两次，8拍双臂斜上举。

手型：1～7拍自然放松，8拍出食指。

面向：1～4拍7点，5～8拍1点。

图 7-10

3. 第三个8拍

具体动作如图7-11所示。

步伐：1～2拍右脚左踹后落地，3～4拍左脚右后交叉，还原。5～6拍左脚向左迈一步，右脚左踢，7～8拍右脚落地并左脚。

手臂：1～4拍上下摆动，5～6拍双手经后至前交叉，7～8拍击掌。

手型：半握拳。

面向：1点。

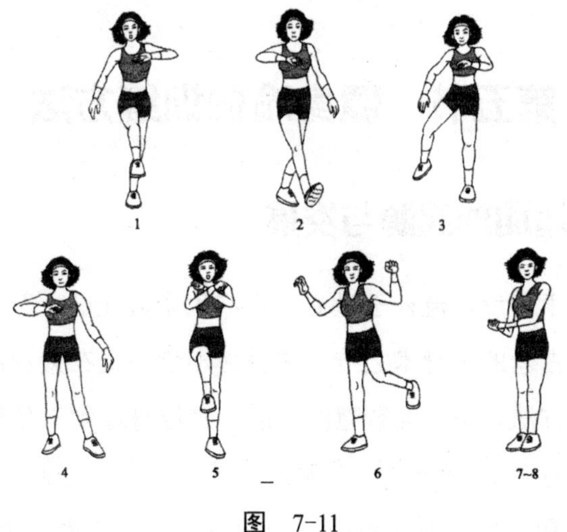

图　7-11

4. 第四个 8 拍

具体动作如图 7-12 所示。

步伐：1～2 拍左右脚依次迈步，3～4 拍左脚原地踏步，右脚并左脚。5～6 拍右脚前、后迈步，7～8 拍右脚点地，屈小腿。

手臂：1～6 拍前后自然摆动，7～8 拍双手侧平举后至右手扶脑后，左手扶右脚跟。

手型：1～6 拍半握拳，7～8 拍放松打开。

面向：1 拍 7 点，2 拍 5 点，3～8 拍 1 点。

图　7-12

第五节　健身瑜伽训练方法

一、健身瑜伽运动的起源与发展

健身瑜伽起源于印度，流行于世界，它产生于公元前，至今已有5000多年的历史，是东方最古老的强身术之一。它是古印度先贤在最深沉的静定状态下，领悟、认知生命的方法，是人类智慧的结晶。“健身瑜伽”是梵文词Yoga的音译，它的意思是“连接、统一”，原意是“结合、合一”，具体是指通过练习达到一种大脑活动和身体机能和谐统一的状态，它还代表着个体与某种高于一切的东西的结合，它是一种系统，以帮助人们发挥其最大的潜力，并以达到最佳精神状态为目的。因此，具有结合、联系之意，这也是健身瑜伽的宗旨和目的。起源于古印度的健身瑜伽是古代印度哲学弥曼差等六大派之一。关于健身瑜伽的起源有很多种说法，很多人认为健身瑜伽可追溯到很久以前的史前文明时期。但是，据可查的考古研究表明，在公元前3000年以前，人类文化史上就出现了健身瑜伽的雏形。

最初，人们把健身瑜伽作为掌握咒法的一种手段，试着静坐。约公元前500年，随着农耕文化兴起，印度阿里西人在祭祀时曾用多种方法来集中和统一精神，健身瑜伽有可能就是由此开始的。

简单来说，健身瑜伽是一种有意识调整呼吸、以身体姿势达到身心平衡，恢复身体自愈能力的训练。健身瑜伽主要是讲求心身及灵魂上的平衡合一，包括静坐、冥想、呼吸和肢体伸展，可以使人在繁忙、快速的现实世界中放慢脚步，了解身体与心灵的奥秘。健身瑜伽可以锻炼一个人的耐性及EQ情绪，也可以锻炼肌肉的柔软度及平衡。

近年来，健身瑜伽已成为全世界最流行的健康新风潮，从少数练习者的运动到时尚的最前沿，健身瑜伽以其舒缓优雅的动作、修身养性的魅力，吸引着越来越多的追求者。

二、健身瑜伽运动的功能

（一）保持健康平和的身心状态

一个人的行为、情绪甚至心理状态都与内分泌腺体的活动有直接的关联。当内分泌腺体释放太多或太少激素到血液中时，人的身心健康就会受到不良的影响。健身瑜伽练习能够帮助调整这些腺体的活动，从而防止内分泌系统工作情况的失常，由于内分泌系统是受自主神经系统支配影响的，所以健身瑜伽对神经系统的调整的同时也间接地帮助调整内分泌系统，而健身瑜伽练习给予这些腺体的轻柔按摩和刺激，也直接使它们保持健康状态，通过意念和自我内心对话的方法减少忧虑和烦扰，健身瑜伽中的伸、弯、推、挤、扭，可以舒缓、柔和体内神经，内心有一个良好的环境，将从紧张、焦虑、急躁、恐惧中解脱出来，从而提高自信心，消除烦恼，心理得以放松，内心达到平和的状态。

（二）改善内脏器官和消化系统的功能

通过经常正确地做健身瑜伽练习，能使交感神经系统和副交感神经系统平衡起来，这意味着受这两个系统影响或支配的各内脏器官不会活动亢盛后不足。健身瑜伽的各种姿势也是一种辅助治疗的运动，通过身体的扭转与挤压姿势，可以加强肠胃的蠕动，增强消化液的分泌量，从而加强消化与代谢功能。同时使肾脏供血充足代谢加强，对胃病和脊椎疾病的辅助治疗起到作用，使这个系统增加效率。

（三）消除抑郁情绪和预防疾病

大学生要面对紧张的学习与生活压力，心态变化和承受压力比较大，使得大学生患有心理疾病的可能性增加。健身瑜伽冥想的练习会使人们的内心变得更平静、更平和，没有怒气，没有怨言，这意味着练习者将较少患上可能由于紧张与忧虑引起的疾病。健身瑜伽的一些姿势是轻柔的按摩和伸展身体，对身体的每一个部位都有益。

（四）改善身体柔韧性和美化身体线条

健身瑜伽的姿势可以帮助身体的每块肌肉慢慢地伸展，给身体带来无限的能量。按照正确的方法练习健身瑜伽，把注意力集中在身体变化所产生的感觉上，通过呼吸和伸展的过程可使肌肉、结缔组织以及其他组织得到伸展，使身体的肌肉、身体的柔韧性以及肌肉血液循环得到改善；同时，增强肌肉和结缔组织的灵活性，防止肌肉组织功能下降，消除肌肉萎缩和关节僵硬，使肌肉的肌纤维拉长、变细；使身体僵硬的部分得到了舒缓，虚弱的地方也变得强劲有力。

（五）改善身体的平衡能力

健身瑜伽练习对保持人体生理功能，如呼吸调整、流汗、心率、血压、新陈代谢的频率、体温和其他一些重要的机制的平衡很有好处。健身瑜伽重建人体功能的平衡效果显著，有些姿势是针对提高人的身体平衡能力的。通过有规律的练习，可使人们获得灵活性、坚韧、平衡以及对疾病的抵抗力，还可消除疲劳和安定神经，从而使人在睡眠中得到真正的安宁，释放能量使大脑放松来提高身体的敏感度。

三、健身瑜伽运动的基本动作

（一）基本坐姿

1. 简易坐

坐在地上或垫子上，将右小腿弯曲，放在左大腿之下，将左小腿弯曲放在右大腿之下。双手放于双膝之上，头、颈、躯干都保持在一条直线上。

2. 半莲花坐

坐在地上或垫子上，弯曲右小腿，让右脚底板顶紧左大腿内侧，弯起左小腿并将左脚放在右大腿上，头、颈、躯干都保持在一条直线上。交换两腿的位置，继续坐下去。

注意事项：患坐骨神经痛的人不宜做此练习。

3．莲花坐

坐在地上或垫子上，双手抓住左脚，将其放于右大腿上，脚跟放在肚脐区域下方，左脚底板朝天。双手抓住右脚，扳过左小腿上方，放在左大腿上，右脚底板朝天，脊柱保持伸直。尽量长久地保持这个姿势。交换两腿位置练习。

这个姿势比较难做，但它是一个很有用的松弛练习，掌握好之后，能使呼吸顺畅，增加上半身的血液循环，对患哮喘和支气管炎等病人有益。每次打坐之后，要按摩双腿、双膝和脚踝。

4．雷电坐

双膝跪地，两小腿胫骨和脚背平放于地面。两膝靠拢，大脚趾相互交叉，使双脚跟向外指。伸直背部，将臀部落在两脚脚跟之间。

雷电坐有助于心灵的宁静平和，特别是在饭后 5～10 分钟练习，能良好地促进整个消化系统，缓解胃部不适。它也是极好的冥想姿势。

5．至善坐

弯曲左小腿，右脚抵住左脚使左脚跟顶住会阴，左脚板底紧靠右大腿。曲右小腿，将右脚放于左脚踝之上。右脚跟靠紧耻骨，右脚板底放在左腿的大腿与小腿之间。背、颈、头部保持挺直。闭上双眼，内视鼻尖处，保持若干分钟之后交换两腿位置。

(二) 坐姿体位法

以牛面坐为例。

动作方法：

(1) 坐姿。双膝弯曲，膝盖重叠，脚尖向后，脚背着地，手掌放在脚掌上，调匀呼吸。

(2) 吸气。右手肘弯曲，慢慢往右肩向背后上举，手掌贴在背后，左手由下方绕到背后，与右手交握，十指紧扣。上方的手肘尽量置于颈后，背部挺直，挺胸，眼望前方，自然呼吸 5 次。

(3) 吐气。手指松开，双手放下，回复到做法(1)，放松，调匀呼吸。左右各重复练习3次。

注意事项：双腿交叠，膝盖不离开，上下对齐。如右脚在上，则右手也在上，反之亦如此。

(三) 站立体位法

1. 风吹树式

动作方法：

(1) 站姿。双脚并拢，合掌胸前。吸气，双手向头顶高举，手臂轻轻夹住耳际，上身有往上延伸之感。

(2) 吐气。上身弯向左侧，与此同时，将髋部向右侧推移保持5次呼吸。

(3) 吸气，还原向上。吐气，再弯向右侧，将髋部向左侧推移，保持5次呼吸。

2. 三角转动式

动作方法：

(1) 保持双膝伸盲的同时，将右脚向右方转90°，左脚向右方转约60°。

(2) 呼气，双臂伸直，将上身躯干转向右方，让左手在右脚外缘碰触地板。右手臂向上伸展，与左手臂成一直线。双眼注视右手指尖，伸展双肩及肩胛骨。保持约30秒。

(3) 恢复时吸气，慢慢先将双手、躯干以至最后将两脚转回各自原来的伸展状态，再转回基本站立式。

3. 鱼式

动作方法：

(1) 把腿盘成莲花式平放于地面上，背贴地仰卧。

(2) 抬高颈项和胸膛，拱起背部，把头顶放在地面上。

(3) 用手抓住大脚趾，以便增强背部的拱弯程度。

(4) 用鼻子做深呼吸，保持2分钟，然后放开脚趾。

4. 腰躯扭转式

动作方法：

(1) 站姿。双脚向外打开 60～70 厘米。吸气，双臂向两侧伸展与肩部保持水平，手心向下。

(2) 吐气。腰部向左方向转动至自身极限，脚不动，右手搭在左肩上，左手放置后背、眼睛注视左后方，保持自然呼吸 5 次，相反方向重复练习 3 次。

（四）蹲姿体位法

以花圈式为例。

动作方法：

(1) 蹲坐着，双脚并拢，脚心和脚跟要完全贴在地面上。

(2) 分开大腿和膝盖，身体向前，双手由两腿中间向前伸。

(3) 手臂弯曲往后，双手握住脚踝后面的部分。

(4) 握紧脚踝之后，呼气，头向下碰触地面。

(5) 停留 1 分钟，自然呼吸。

(6) 吸气，头抬起来，手松开，休息。

（五）平衡体位法

1. 树式

动作方法：

(1) 站姿。双脚并拢，挺身直立，合掌胸前。吸气，身体重心放在左脚，脚趾施力压住地面，骨盆向左推移。提起左脚横置右脚背上，脚跟向外。双手同时向上伸展，高举至头顶。眼睛注视前方一固定点，保持自然呼吸 5 次。

(2) 吐气。双手慢慢还原胸前，脚也同时放回地面。两侧交替做，重复练习 3 次。

2. 壮美式

动作方法：

(1) 站姿。右膝向手弯曲，右手握住脚背。吸气，将左手伸直高举到头顶，眼睛注视前方，集中意识。

(2) 吐气。右手慢慢将右脚提高，保持片刻。

(3) 吸气。上身微微向前倾，放松后腰背部位，眼睛注视前方右手指，保持身体平衡，自然呼吸 5 次。

(4) 吐气，手脚放下还原站立，调整呼吸，换脚再进行练习，左右各做 3 次。

(六) 跪姿体位法

以猫式为例。

动作方法：

(1) 金刚坐姿，双掌置于膝盖上，伸直背部，调匀呼吸。

(2) 吸气，臀部离开脚跟，俯身向前，抬臀凹腰；膝部，脚背贴地面，手臂伸直，指尖对膝盖，下颚抬高，背部收紧，保持片刻。

(3) 吐气，手掌施力收腹，拱起背部，头部向下，下颚尽量抵住胸部锁骨处，动作静止，自然呼吸 5 次。

(4) 再次吸气，下颚向上抬，头部后仰，凹腰部，挺臀部。动作静止，自然呼吸 5 次。上、下各重复练习 3 次。还原金刚坐，调匀呼吸。

(七) 仰卧体位法

1. 船式

动作方法：

(1) 仰卧，双脚并拢，双臂平放体侧。

(2) 吸气，同时将上身、双脚和双臂向上抬起，只有臀部着地，并以脊椎骨为支点，保持身体平衡。双手、双腿伸直，手指指向脚尖，保持此姿势，屏息约 5 秒。

(3) 吐气，慢慢将身体放回地面，调匀呼吸，全身放松。

注意事项：身体上抬时，要收缩腹部，并紧张全身的肌肉。如果腿部发生痉挛，做将脚踝用力蹬出的动作，伸直脚跟韧带。

2．仰卧放松式

动作方法：

(1) 仰卧，轻轻闭上眼睛，双腿屈膝，脚掌置于臀部下，双手放置于身体两侧外，掌心向上，手指微曲，下颚微微引向胸部。

(2) 缓缓吸气，胸廓慢慢扩张，双肩放松，双膝向外。

(3) 想象头顶、手指尖、尾椎、脚跟、脚尖向外延伸。

(4) 双手从地板上滑动到头上方，吸气，伸展双手带动身体坐起，再把上半身弯向双腿，伸展背部。

(八) 俯卧式体位法

以眼镜蛇式为例。

动作方法：

(1) 俯卧，双脚并拢，脚背着地，收下颚，额头触地，弯曲手肘，双手平放胸侧，调匀呼吸。

(2) 吸气，下颚慢慢抬高，头部向上后仰，同时上身慢慢离开地面(感觉是把脊椎一节一节向后弯曲，用腹肌的力量而不是用臂力)，肚脐与腹部着地，眼望前方。保持此姿势，自然呼吸 5 次。

(3) 继续吸气，双臂伸直，继续将背部向后弯曲，头部尽量后仰、腹部仍然贴地，眼望上方，眼球可同时左右转动(改善视力)。意识集中在喉部、尾椎，同时收缩臀部，大腿放松。

(4) 吐气，上身按从骨盆、腰椎、胸椎、颈椎、下颚到额头的顺序慢慢还原到动作方法(1)。调匀呼吸，全身放松。重复练习 3 遍。

注意事项：蛇式是一种健身瑜伽体位法的代表性的姿势。练习时，不可用爆发力，尽量使身体处于舒适状态。初学者先行熟悉动作方法(2)后，才可练习动作方法(3)，以免身体超负荷。甲状腺机能亢奋者、结肠炎、胃溃疡和疝气患者不适宜练习。

四、健身瑜伽运动的组合动作

(一) 平衡技术组合动作

平衡技术动作可以改善体态，提高身体平衡稳定能力，使内心平静，加强腹部器官的收缩，强壮双腿。

(1) 站立，右腿弯曲放在腹股沟上，吸气，双手上举，手心相对：呼气，左腿弯曲，双臂侧举，保持正常呼吸，腿慢慢放下，再反方向做，重复 2～3 次。

(2) 站立，右脚后点地，双手上举，手心相对，吸气手臂向前伸的同时右腿上抬，使手臂、臀、腿保持在一个平面上，正常呼吸，吸气慢慢起上身，腿落下，再反方向做。

(3) 双腿开立，手臂侧平伸，右脚尖向右转 45°，右腿弯曲，右侧身体向右褪靠，右手慢慢撑地，同时左腿侧抬，左手向左脚方向伸，吸气慢慢还原，之后反方向做，每个方向重复 2～3 次。

(二) 腿部组合动作

腿部伸展动作，每个姿势保持 20～30 秒，吸气时腹部向外，呼气时腹部向内收，在停顿中体会身体伸展的感觉。

(1) 分开腿慢慢蹲下，身体前屈，手放在两脚底之下，保持自然呼吸，双腿伸直，停 20～30 秒慢慢还原，重复 2～3 次。

(2) 坐在地面上，将双腿伸直，吸气的同时双手相对上举，呼气身体下压，手抓住小腿，身体放松，保持正常呼吸，停 20～30 秒，吸气的同时抬身，重复 2～3 次。

(3) 坐在地面上，右腿弯曲，脚掌紧贴右腿内侧，吸气双手上举，呼气身体下压抓脚，头上抬，让腹部紧贴左腿，正常呼吸，吸气慢慢抬起身体，反方向做，每个方向重复 3～4 次。

(4) 坐在地面上，双腿分开，吸气两手侧举，呼气身体下压，双手抓住脚踝，正常呼吸，吸气慢起，重复 3～4 次。

(5) 站立，双手在身体后相交，吸气抬头挺胸，呼气的同时身体向前弯曲，头向腿方向贴，双手上抬，正常呼吸，停 20～30 秒，吸气慢慢抬身，重复 2～3 次。

(6) 跪撑，吸气臀部上抬，呼气肩下压，腿伸直，脚跟向地面沉，正常呼吸，停 20～30 秒，吸气还原，重复 3～4 次。

（三）髋、腹部组合动作

健身瑜伽的髋、腹部动作有助于消除肠道中的气体，使骨盆的血液流通，使髋部灵活。

(1) 两腿前伸，另一只腿弯曲，脚掌贴于大腿内侧，膝关节下沉，反方向做，重复 3～4 次。

(2) 双手抱起一条腿，靠近胸部，保持正常呼吸，停 20～30 秒，反方向做，每个方向重复 3～4 次。

(3) 吸气，腿向内转，呼气向外，重复 3～4 次。

(4) 身体躺平，两腿弯曲离开地面，两腿依次向下做蹬自行车的动作，该动作结束后再换反方向做，每个方向 15～20 次。

(5) 身体躺平，单腿上抬，顺时针做画圈运动，再逆时针方向做，每个方向 1 次。

(6) 身体坐直，两脚向对撑，吸气头向上，脊柱立直；呼气身体向前压，保持呼吸，停 20～30 秒，重复 2～3 次。

（四）腰部组合动作

做腰部动作时力求每个姿势做到最舒服的位置，每次只作一个背柱姿势(下移到第 4 个动作后)，使整个背部得到充分的锻炼和伸展，加强背部的力量，同时可保护腰部，消除轻微的背柱损伤。

(1) 两腿开立，吸气双手头上伸，十指相交，呼气身体前屈，两眼注视手背。吸气身体向右转动，呼气身体转向左侧，重复 4～6 次，吸气身体上起、立直。

(2) 两腿分开坐在地面上，吸气，两臂侧举，呼气，身体右后扭转，左手指尖触右脚趾，吸气，转正呼气反方向，重复 4～6 次，眼睛注视后手。

(3) 趴在地面上，两臂在身体两侧，吸气的同时头抬起身体上抬，头、肩、胸离开地面，保持正常呼吸，停 30～40 秒，吸气抬身，重复 4～5 次。

(4) 跪撑，臀部后坐，手臂伸直，吸气下额带动身体向由下到上移动，身体向上时呼气。双手上撑身体，保持呼吸之后按原路线吸气撑回来，重复 4～5 次。

(5) 趴在地面上，双手抓住脚踝，吸气并将头和脚同时上抬保持正常呼吸，吸气慢慢放下，重复 2～3 次。

(6) 趴在地面上，双手撑地身体上起，吸气头上抬，同时弯屈双膝，自然呼吸，吸气慢慢还原，重复 2～3 次。

(7) 趴在地面上。吸气头和腿同时上抬，双手在背后、十指交叉，停住正常呼吸，吸气慢慢还原，重复 3～4 次。

(8) 趴在地面上，双手在额头下，吸气右腿上抬，呼气右腿向左侧压，眼睛从左侧看右脚，停 10～20 秒，吸气慢慢还原，再换反方向做，重复 2～3 次。

(五) 腹部组合动作

健身瑜伽腹部动作有助于促进肠道蠕动、加强腹部的力量，减少多余的脂肪。

(1) 躺在地面上吸气，单腿弯屈，双手抱住腿；起上身，下额触膝，尽量呼气；吸气落下，反方向再做；之后双腿同时弯屈，每个动作重复 4～6 次。

(2) 躺在地面上吸气，上身上起，两臂前伸，同时两腿离开地面上抬，保持 2～3 次呼吸，吸气慢慢落下，手放腿的两侧，重复 2～3 次。

(六) 脊柱部位组合动作

健身瑜伽脊柱动作有助于脊柱更加柔韧、更加灵活，伸展脊柱，增加脊柱中的血液流能，对腹部起到按摩的作用，对消化和排泄有好的效果，促进肠道的自然蠕动。

(1) 跪撑，吸气低头整个脊部上拱，低头，收腹；呼气背部下塌，头上抬，臀上伸，腰放松，重复 10～12 次。

(2) 跪撑，吸气低头，右腿收到腹前；呼气抬头，右腿后伸上抬重复 10 次，之后换左腿，每个方向重复 2～3 次。

(3) 身体站直，吸气两腿分开，两臂侧平举，呼气的同时身体右后转并将右手放在腰后，左手扶在右肩上，保持呼吸，吸气身体转正，两臂放下，之后反方向。

(4) 身体坐直，两腿伸直，左膝弯曲，左脚在右腿外侧，吸气；右手臂交叉在右腿外侧，手撑地，左手在臀后撑，脊柱直立，呼气；上身向左后扭转，在最舒服的位置停住，保持缓慢的呼吸；吸气身体转回还原，之后反方向，每个方向重复 3～4 次。

(5) 身体坐直，两腿伸直，左腿弯曲，脚放在右腿的髋部；吸气，左手抓住右脚，呼气，身体和头向右后扭转，右手放在腰背后，保持呼吸，吸气还原，之后反方向做，每个方向重复 2～3 次。

(七) 胸部组合动作

健身瑜伽胸部动作可纠正驼背和两肩下垂的不良体态，有助于发展胸腹部和喉部，神经系统得到改善，加强血液循环。

(1) 坐地面上，双腿伸直，双手侧撑在身体两侧，吸气时胸腹向上抬头，自然放松，重复 2～3 次。

(2) 跪地，吸气胸腹向上，脊柱后弯；呼气手掌压在脚掌上，自然呼吸，保持 5～10 秒，然后吸气慢慢还原，重复 2～3 次。

(3) 仰卧，慢慢把头上抬头顶地，背部伸直颈部吸气的同时双腿上抬，双手合掌撑起，正常呼吸，保持 5～10 秒，慢慢还原，重复 2～3 次。

(4) 跪撑，两肘撑地弯曲相抱，呼气，下颚、胸部下沉向地面，同时臀部上提，保持正常呼吸，慢慢吸气，臀部后坐。重复 2 次，每次保持 30～60 秒。

(八) 肩部组合动作

健身瑜伽肩部动作可帮助扩展胸部，放松两肩关节，补养肩部，防止肩周炎，从而使肩部更灵活。

1. 绕肩

(1) 两指尖轻轻点肩上，两肘向前绕圈由小圈过渡到大圈，绕 12 圈；两肘向后绕圈由小圈过渡到大圈，绕 12 圈。

(2) 两指尖轻轻点肩上，吸气，手背在头后相对，呼气手背分开两肩下沉，重复 12 次。

(3) 两指尖轻轻点肩上，吸气两肩向内含，呼气的同时挺胸，重复 12 次。

2. 两手肩后握

两膝跪地，同时两脚分开，臂在两个小腿中间，吸气同时双手上举两手相交，呼气并将一只手臂弯曲肘关节向上，手在头后，另一只手从身体后上屈，抓住头后的手，之后反方向，每个方向重复 3～4 次。

3. 绕环

两腿开立半蹲，两臂体前绕环 12 圈，两臂向后绕环 12 圈，呼吸配合手臂。

(九) 头部组合动作

健身瑜伽的头部动作能够增加流向头部的血流量，滋养面部和头皮，使腹腔内脏器官受到挤压，促进腹部排泄功能，对整个脊柱神经系统极为有益。注意不要使肌肉过分用力。

(1) 跪坐，身体向前弯屈，把前额放在地面上，两手在腿的两侧，呼气，臀部慢慢抬起，大腿与地面垂直。头部和颈部承受身体一定的重量，保持正常呼吸，停 20～30 秒。慢慢吸气，臀部坐在脚跟上，重复 2～3 次。

(2) 平仰卧，吸气收腹，双腿上抬慢慢下压，呼气，两腿自然下沉；双手撑住腰部，臀部上抬，双手慢慢放在地面上，停住，保持正常呼吸，停 20～30 秒，吸气慢慢还原，重复 2～3 次。

(3) 平仰卧，吸气收腹，双腿上抬，双手托起腰部，两肘关节撑住地面，使双腿向上伸，慢慢伸直躯干，保持 1 分钟左右，慢慢吸气放下背、腰、腿，身体躺平，重复 2～3 次。

参 考 文 献

[1] 胡良玉，王泽刚．健身健美操实用教程[M]．北京：北京理工大学出版社，2014．
[2] 王莉．健美操运动健身与训练[M]．长春：吉林大学出版社，2014．
[3] 吴晓亮，吴璐岑，梁云云．形体与体育舞蹈[M]．长沙：湖南大学出版社，2013．
[4] 黄宽柔，姜桂萍．舞蹈与健美操[M]．北京：高等教育出版社，2016．
[5] 黄小红，刘正杰，董丽波．高校健美操运动的发展与创新[M]．长春：吉林大学出版社，2012．
[6] 史正义，李霞．健身健美操教程[M]．天津：南开大学出版社，2012．
[7] 颜飞卫．大学健美操、体育舞蹈、排舞教程[M]．北京：北京师范大学出版社，2012．
[8] 张斌．瑜伽基础入门大全[M]．北京：科学技术文献出版社，2012．
[9] 王文文，王庆宇，罗丽娜．健美操价值的魅力解读[M]．长春：吉林大学出版社，2015．
[10] 方熙嫦．健美操[M]．福州：福建科学技术出版社，2015．
[11] 赵晓玲，马煜澄，蒋嘉陵．健美操教程[M]．重庆：重庆大学出版社，2017．
[12] 朱晓龙，李立群．健美操[M]．杭州：浙江大学出版社，2014．
[13] 赵亚娜，刘美云，杜美．高校健美操训练理论与方法研究[M]．北京：中国书籍出版社，2013．
[14] 文岩．健美操教程[M]．上海：复旦大学出版社，2014．
[15] 方熙嫦．街舞[M]．福州：福建科学技术出版社，2015．
[16] 《健美操运动教程》编写组．健美操运动教程[M]．北京：北京体育大学出版社，2014．
[17] 陈学文．形体训练教程[M]．重庆：重庆大学出版社，2010．
[18] 姜桂萍．瑜伽[M]．北京：高等教育出版社，2009．
[19] 邓唏翎，邓艳香．健身健美操[M]．桂林：广西师范大学出版社，2013．
[20] 范晓清．大众健美操与舞蹈健身[M]．北京：人民军医出版社，2005．

[21] 郭文斌．瑜伽[M]．上海：上海文艺出版社，2012．
[22] 韩俊．瑜伽中级教程[M]．沈阳：辽宁科学技术出版社，2006．
[23] 何荣，王长青．健美操教程[M]．北京：北京师范大学出版社，2010．
[24] 黄玲，朱晓娜．动感艺术健美操[M]．北京：海洋出版社，2009．
[25] 姜桂萍，宋璐毅．体育舞蹈艺术体操[M]．桂林：广西师范大学出版社，2003．
[26] 金晓阳，王毅．健身与流行健美操教程[M]．沈阳：东北大学出版社，2006．
[27] 李德玉，胡素霞．健美操[M]．北京：化学工业出版社，2012．
[28] 李玉玲，周祖宝，王家顺．健美操实用技法解析[M]．北京：中国商务出版社，2008．
[29] 刘光红．体育舞蹈读本[M]．北京：人民体育出版社，2006．
[30] 马鸿韬．健美操创编理论与实践[M]．北京：高等教育出版社，2004．
[31] 秦文明．体育舞蹈[M]．合肥：合肥工业大学出版社，2003．
[32] 宋雯．瑜伽教学与实践[M]．北京：北京体育大学出版社，2011．
[33] 汪康乐．体育科学新学科创建学[M]．北京：北京体育大学出版社，2006．
[34] 王洪．竞技健美操训练方法[M]．北京：人民体育出版社，2009．
[35] 王京琼．健美操教学与训练[M]．长沙：中南大学出版社，2008．
[36] 王轲，王家彬．体育舞蹈与流行交谊舞[M]．西安：西北工业大学出版社，2007．
[37] 吴晓红，丛燕君，江山．跳动音符：健美操[M]．南京：江苏科学技术出版社，2006．
[38] 吴亚娟．大学健美操教程[M]．西安：西北工业大学出版社，2009．
[39] 向智星．形体训练[M]．北京：高等教育出版社，2004．
[40] 张虹．健美操[M]．北京：北京师范大学出版，2008．
[41] 张岚，田颖华．健身健美操教程[M]．武汉：华中科技大学出版社，2009．
[42] 张瑞林．体育舞蹈[M]．北京：高等教育出版社，2005．
[43] 赵栩博，崔海燕．健美操套路教与学[M]．北京：北京体育大学出版社，2006．
[44] 周燕．系列校园青春继身操教师指导手册[M]．北京：人民教育出版社，2006．